鐵血與音符

德國人的民族性格

Emil Ludwig
埃米爾・路德維希｜著 ╳ 周京元｜譯

目次

編序

日耳曼與德意志

「Germani—日耳曼人」是古羅馬稱羅馬文明世界的東北邊境之外，萊茵河東岸、多瑙河北岸那些部落的泛稱。這些部落大約使用這相同的印歐語系語言；由於日耳曼人不稱自己為日耳曼人，所以「日耳曼人」是個外來的稱呼。羅馬軍隊在西元前一世紀征服高盧（今法國）時，即在萊茵河流域遭遇到日耳曼人，當時羅馬人稱他們為「Germani cisrhenani—萊茵河此岸的日耳曼人」，與「Germani transrhenani—萊茵河彼岸的日耳曼人」。

由於日耳曼人是許多部落的泛稱，所以條頓人（【德】Teutonen，【英】Teutons）、盎格魯人、薩克遜人、哥特人、汪達爾人、倫巴地人、阿雷曼人、法蘭克人等都是日耳曼人，在斯堪的納維亞也有日耳曼人。在西元前二世紀時，條頓人大致分布在易北河下游的沿海地帶，後來逐步和日耳曼其他部落融合。西元五世紀，羅馬帝國開始傾頽，日耳曼各部落不停地在羅馬帝國領土內遷徙，因而擴散在歐洲各地，這也使得後世學者在研究日耳曼歷史和語言上更形困難。

「德意志人」（【德】die Deutschen，【英】Germans）一詞源自古高地德語，是西元五世紀到十世紀之間居住在現今德國中、南部的日耳曼人所說的語言，在拉丁文中的書寫法是「diutisc」，意為「人民的」，指的是當時日耳曼人所說的語言，而「德意志人」則是「說日耳曼人語言的人」。德意志民族意識興起後，這個詞就用來指德意志民族了。

如今，德意志人不一定是德國人，因為德意志人也可能是奧地利人或瑞士人。而日耳曼則是指日耳曼人所居住的地區，現代英語的「Germany—德國」一詞即自此演變而來。日耳曼人有時會等同於現在的德國人，後世也常以條頓人泛指日耳曼人及其後裔。

德意志帝國的源起與沒落

十一世紀時，位於多瑙河附近的一個貴族被封為索倫伯爵，是為布爾哈德一世（Burkhard I），這是霍亨索倫家族在德國歷史上第一個可考證的首領。後來的索倫伯爵腓特烈三世是神聖羅馬帝國皇帝的忠實家臣，他透過聯姻，成為紐倫堡－索倫伯爵腓特烈一世，並將家族名稱改為「霍亨索倫」，意為「高貴的索倫」，時年一一九二。自此開始，霍亨索倫家族從皇帝處獲得不少領土，並且致力透過聯姻和購買的方式擴充領地。一四一五年，腓特烈六世購得布蘭登堡選帝侯（Kurfürst von Brandenburg）的身分，稱為選帝侯腓特烈一世。之後，選帝侯腓特烈二世建設柏林市，使該地成為霍亨索倫家族的首都。一六一八年，布蘭登堡選帝侯經由繼承得到普魯士王國；後來的腓特烈威廉（Friedrich Wilhelm, 1620-1688）身為布蘭登堡選帝侯兼普魯士公爵，並因其軍事和政治技巧卓越，而被稱為「大選侯」。一七〇一年，普魯士公國升為王國，選帝侯腓特烈三世改稱腓特烈一世，至此，普魯士王國（Königreich Preußen）正式成立，首都為柏林。普魯士國王腓特烈一世即是腓特烈威廉之父、腓特烈大帝的祖父。

容克（Junker）一字源自中古高地德語，本意是「尚未成為騎士的年輕貴族」。在普魯士的歷史上，「容克」多指的是有土地的貴族階級，特別是東普魯士地區，他們控制了所有的土地和政府；到了一八七一年俾斯麥統一各邦，普魯士國王威廉一世在巴黎凡爾賽宮鏡廳正式登基為德意志皇帝，成立德意志帝國（Deutsches Reich）後，容克更是統治了德國政府和普魯士軍隊。

威廉一世的繼任者、其孫威廉二世在一八九七年十二月最後一次拜訪俾斯麥時，俾斯麥曾提出宛如預言的警告：「腓特列大帝死亡二十年後發生了耶拿戰役，普魯士敗於拿破崙；我離開二十年之後，如果事情再這樣下去，德國就會崩潰。」一九一四年六月，塞爾維亞獨立運動人士在塞拉耶佛刺殺奧匈帝國皇太子斐迪南大公之後，奧匈帝國向塞爾維亞宣戰，德意志帝國身為奧匈帝國的同盟，也因此向塞爾維亞及其聯盟宣戰，第一次世界大戰於是爆發。

戰事第三年，英國海軍對德國的封鎖成效明顯，造成德國境內食品及原料不足，德國開始實施食物配給；一九一六至一七年的冬天嚴寒，馬鈴薯收成不好，人民不得不吃動物飼料和小蘿蔔，因此這個冬天也稱為「蘿蔔冬天」。整個戰爭時間，德國平民因營養不良所導致的死亡人數高達五十萬。德軍在戰場上的挫敗使得國內動亂增劇，結果德國水兵譁變，並迅速蔓延到整個海軍及全國。一九一八年十一月九日，首都柏林也發生了革命，不同派系的政黨在國會宣布成立共和國。威廉二世不得已只有宣布退位，放棄德意志帝國與普魯士王國的王位，並帶著皇族與朝廷逃至荷蘭。霍亨索倫家族對德國的統治就此結束。該年十一月十一日，第一次世界大戰結束。

一九一八年年底成立的共和國是德國的第一個民主共和體制，採取議會民主制度，制訂威瑪憲法，因此有時候亦稱為「威瑪共和國」(Weimarer Republik)，但政體的正式國名仍沿用「德意志帝國」。一九一九年，威瑪政府與戰勝的協約國簽訂《凡爾賽條約》，接受割地賠款、削減軍備與軍隊，並承認極具爭議性的戰爭罪責條款。根據條約，德國共需賠償二千二百六十億馬克的黃金，並且割讓阿爾薩斯—洛林地區給法國，並限軍人數在十萬以下，協約國同時實行極為嚴厲的經濟與軍事制裁。這些情況導致德國喪失百分之十三的國土和百分之十二的人口。不過德國的工業體系依然完整，本土也未受到戰火波及，要復興德國的工商業並非難事。

令德國政府與人民最反感、並且引發強烈民族復仇主義情緒的，是強迫德國單獨承受發起戰爭的責任：「基於德國及其盟國之侵略行為，協約國之政府及其國民因戰爭而受害。協約國之政府，確認德國必須就其及其盟國導致的一切損失與破壞負責。」（凡爾賽條約第二三一條款）德國保皇派、民族主義者和前軍隊將領隨即開始質疑條約。他們將威瑪共和國的政治家、社民黨人、共產黨人、猶太人視為叛國者，是威瑪政權的既得利益者；猶太人尤其被視為是後方罷工及戰敗的主謀。這種觀點在德國迅速引起共鳴，並被納粹黨作為宣傳主力。

威瑪時期各派政治勢力、各種政治思想在德國競爭激烈，政變、罷工、暴動不斷。德國政府在一九二三年表示無法應付凡爾賽條約規定的戰爭賠款，因而拖欠賠款；這又導致經濟衰弱，不得不印製鈔票，導致德國貨幣瘋狂貶值，通貨膨脹。這時候，希特勒在慕尼黑發動政變，並計畫占領該市。政變失敗後，希特勒被判監五年，但最後只坐了九個月的牢。他於是決定以合法途徑登上權力寶座。

興登堡雖然身為保皇黨，仍決定參加一九二五年的總統選舉。在當選總統後，他加強總統的權力，使總統的權力不再僅是象徵。總理施特雷澤曼（Gustav Stresemann）於一九二九年過世後，全球經濟大恐慌嚴重打擊德國，使得希特勒領導的國家社會主義工人黨（即納粹黨）在一九三〇年的國會選舉中成為德國第二大政黨。一九三二年年底的國會大選讓納粹黨得以晉升第一大黨，因此興登堡總統在一九三三年一月三十日任命希特勒為德國總理。三月二十四日，興登堡在國會縱火案後受希特勒影響，簽署了《授權法案》，讓納粹黨在未擁有國會絕對多數席次的情況下，無須執政聯盟中的其它黨同意即可通過任何法案。此舉實際上等於廢除了威瑪共和國的民主制度。一九三四年八月，興登堡去世後，納粹內閣通過一項法案，宣布將總統職權轉授給總理，希特勒因而成為「元首」(Führer) 兼帝國總理，並成為德國武力的最高統帥，所有官兵必須向希特勒宣誓。從此，威瑪共和國結束，納粹一黨獨裁專制開始。

・・・

一個局外人和參與者

有些人懷疑，所謂的「德國民族性」是否真的存在？懷疑派認為德意志帝國在一八七一年才成立，又採取聯邦制度，由二十二個邦、三個漢撒自由市（漢堡、呂北克和不萊梅）和一個直轄區（阿爾薩斯—洛林）構成，而當中的二十二個邦則是由四個王國（普魯士、巴伐利亞、薩克森及符騰堡）、六個大公國、五個公國和七個親王國所組成。這些邦國各自有長久的歷史與傳統，各邦國的統治家族或許彼此通商、通婚，但也常干戈相見，各自的人民也有著深層的邦國認同，要如何談及這些邦國和自由市有共同的國家民族性呢？

但是，本書作者埃米爾．路德維希認為，「德國民族性」絕對存在，而且世人也應該好好討論、並認清德國的民族性。他表示：「民族性是真正的現實；它是一個國家各種特質的總和，使其國民容易受他人辨認——即使其中的某些特徵可能無法在部分或個別國民中找到。」他舉例證明自己的觀點：不論是在火車上、旅館或船上，多數人都能在一大群人中由頭型、行走和說話的方式，直覺地判斷一個人是「英國人、地中海人或是斯拉夫人」。外貌與舉止是性格的象徵，當人民的自然傾向經由國家利用教育進行培育和強化時，國家內部就能發展出國民的基本特質。路德維希在一九四〇年代曾大聲疾呼他對「德國民族性」的看法。他的觀點當時在美國的公眾演講和廣播時深受聽眾支持。美國國會外交事務委員會曾邀請他作證，而當時的盟軍軍政府也邀請他講述此一議題。為何美國大眾與政府對他的見解都如此洗耳恭聽？

埃米爾．路德維希一八八一年生於德國西里西亞省的布雷斯勞（Breslau，二戰結束後劃歸給波蘭）。此地是普魯士的腓特烈大帝在一七四二年從奧匈帝國手中所取得，一八七一年德意志帝國成立後，布雷斯勞成為德國第六大城，當時人口約有五十萬，而且包括大量的猶太家庭，路德維希家即是其中之一。

公元一世紀左右，猶太人便已定居在今日的德國地區，不過一直受到各種歧視；許多歐洲猶太人不但在政治與經濟上沒有自由，同時也不可任意遷移。到了十八世紀中葉後，由於啟蒙運動與法國大革命的衝擊，歐洲開始出現「猶太解放運動」（Jüdische Emanzipation），消除對所有對猶太人的法律歧視，並授予猶太人與本國公民同等的權利。當時的普魯士在對法國戰役失敗後，決定團結普魯士人民，並擴大社會與經濟富強基礎，因此邀請猶太人入籍成為經濟公民，也給予他們居住自由權。德國在一八七一年解放猶太人，但規定境內的猶太人必須符合會說德語、改採德意志姓氏、有固定工作，以及擁有財產等條件，才能取得公民權。此外，德國政府又規定政府公務人員必須為基督信徒，如果擁有公民身分的猶太人仍保有猶太教信仰，還是無法擔任國家公務員、法律人員與教育人員等職務。埃米爾・路德維希的父親赫爾曼・科恩（Hermann Ludwig Cohn）便因此在一八八三年去除猶太姓氏，改以中間名為姓，科恩一家人從此改姓路德維希。

埃米爾・路德維希的專業是法學，於一九〇二年受洗成為基督教徒，而後獲得法學博士學位。他在一九〇六年跑到瑞士開始了他的小說家生涯。路德維希曾擔任柏林日報（Berliner Tageblatt）駐倫敦記者，後來被派到巴爾幹半島報導戰事。在第一世界大戰期間，他是柏林日報在維也納和伊斯坦堡的駐外記者。他在一九二〇年出版了他創作的第一本傳記《歌德傳》，將原始檔案、史實與當時剛興起的精神分析法結合，塑造出生動的人物形象，以及帶有戲劇效果的情節，作品因而暢銷。路德維希在寫作之際仍擔任採訪記者，在歐洲各首都訪問其政治領袖，史達林、墨索里尼、土耳其的凱末爾，以及捷克開國元勳馬薩里克等人都曾接受他的採訪。一九三二年出版的《與墨索里尼的對談》（*Mussolini Gespräche mit Emil Ludwig*）一書，便是記錄他在一九三二年三月二十三日至四月四日之間於羅馬訪問墨索里尼的談話。

由於路德維希在其作品中公開討論德國在一戰爆發中的責任，嚴厲抨擊右翼歷史學家粉飾軍國主義擴張野心的做法，明確主張用和平主義與民主共和的思想來教育青年一代的立場，他開始在國內遭受抨擊。德國歷史學會宣稱路德維希代表「德國社會精神狀態的沉淪」，納粹傾向的歷史學者奧圖・威斯法爾（Otto Westphal）更攻擊他是「俾斯麥的敵人」。外交官阻止路德維希在國外城市開設講座、要求將他排除在諾貝爾獎候選名單之外；納粹黨籍的國會議員則抨擊路德維希的作品「辱沒了德意志人」，戈培爾甚至在他的日記中提到路德維希的作品特別危險。路德維希受到多方攻擊後逐漸淡出德國，於一九三二年入籍瑞士，他在瑞士居處的鄰居包括以《西線無戰事》一書馳名的雷馬克（Erich Maria Remarque）。一九三三年五月十日深夜，在柏林歌劇廣場上的焚書行動中，路德維希的作品也被冠上「誤解我們的歷史，輕視我們歷史中的偉大人物」的罪名遭到焚燒。

路德維希一九三六年在造訪美國巡迴演講時，曾警告聽眾世界大戰即將爆發，並主張國際必須抵制德國。他還提出他對歐洲的願景：成為一個憲法的「歐洲合眾國」。後續幾年，他一再預測「大戰一觸即發」，直到一九三九年九月一日德國果真揮軍進入波蘭。路德維希推測德國會入侵瑞士，身為德國公敵榜首位的他惟恐遭遇不測，為了自身安全，他在一九四〇年決定流亡海外，移居美國。

路德維希流亡美國時，他不斷透過演講或文章，警告世人切勿重蹈凡爾賽條約的覆轍。他是德國應承擔「集體罪責」理論的堅定支持者。他描寫德國人的獨特民族性，告訴盟軍在戰後應該如何對待德國人，認為盟軍瞭解德國民族性不嫌早，因為德國也很可能像墨索里尼一樣突然崩潰，讓盟軍措手不及。在這段時間中，他獲羅斯福總統之邀，擔任美國對德政策顧問，並為二戰後美國初期推行的強硬改造德國方案提供了歷史依據。一九四五年一月，羅斯福和杜魯門親自邀請路德維希跟隨巴頓、克萊頓和艾森豪等三位將領前往歐洲戰場，報導歐洲的解放。

路德維希在流亡美國期間可說是納粹德國最強大的對手，他在演講與寫作中一再強調德國的民族性與德國軍國主義的危險之處，並要美國注意德國的反猶太問題。他認為以美國為首的盟軍必將戰勝納粹德國，為了後世的和平，盟軍必須消除德國的軍國主義根源，並教導德國人民主的真義。因此他在一九四〇年代出版了三本重要作品，皆與這個目的有關。在一九四一年的《德國人：一個民族的雙重歷史》(*The Germans: Double History of a Nation*) 中表示有兩個德國：一個是由歌德、席勒、巴赫等人構成的德國；另一個則是由腓特烈大帝、威廉二世和興登堡等軍人構成的德國。在《鐵血與音符》(*How to Treat the Germans*) 中，他則強調，由於這種雙重的民族性，德國必定會不斷發起戰爭；但過於僵硬地服從與信仰軍國主義，也注定了德國的必敗。盟軍必須準備好德國隨時會戰敗投降，並且要負起戰勝國的責任，以強硬的手段與堅忍的意志貫徹教育德國人民，讓他們學習歌德所代表的德國文化，不讓德國再次發起大戰。在一九四五年的《德國的道德征服》（*The Moral Conquest of Germany*）中，他更進一步闡述德國已經戰敗，盟軍必須確切實行戰勝國的責任，好好執行對戰敗國的工作，教育德國在未來不會發動另外一場戰爭。

在二十一世紀的今日，閱讀《鐵血與音符》仍有其必要，因為本書反映了第二次世界大戰前後的「時代精神」（Zeitgeist）。路德維希身為德國猶太人，他不僅是德國文化的參與者，也是德國社會的局外人。他可以深入瞭解德國文化，也可以冷眼旁觀德國的社會變化。尤其是他以知名作家與採訪記者的身分結識歐洲政壇領袖，並親眼見證當時歐洲眾多劇烈的政經變遷，他對於德國的觀察更是難能可貴。即便文中字句可見情緒上的筆觸，本書仍是一部全面了解德國民族和時代精神的佳作。

前言

我們現在之所以打這場仗，主因是在上次戰爭結束之後，協約國並未徹底瞭解德國人的性格。

如果協約國深入瞭解他們的敵人，如果協約國在一九一八年後是以不同的方式處置德國人，那麼近期的這場災難便很有可能得以避免。

數以百萬計的美國人無法瞭解不久的將來仍會發生類似災難。因此，那些明白德國性格特質的人現在應該喚起眾人，去注意某些重要事實；他們應該向同盟國提供寶貴建議。同盟國即將得到本世紀第二次勝利，但也可能是第二次失敗。提出建議是我們感謝美國致力實現永久和平的唯一方式。

大多數逃離德國的人都希望能返回祖國，重獲因納粹政權而失去的職位與影響力。所以他們幾乎眾口一致地鼓吹提供自由德國一個新的機會，這情況就像當年簽訂凡爾賽和約一樣。

我身為自由瑞士共和國的公民，從年輕時就已定居當地，所以我與納粹政權之間完全沒有個人恩怨，我不會一廂情願地想像德國在戰爭結束後會變成哪種國家。一九三三年之前，我每年都會回到我出生的德國，在那裡住上一段時間觀察它，並將之與其他國家比較。我的研究結果早在納粹主義出現之前就已經出版，也被譯成多種不同的語言。我一直以自由主義和國際觀點看待事情，使得我在納粹政權上台前十年就開始受到他們的迫害。

我在《歌德傳》及《貝多芬傳》兩書中描寫思想上的德國，在《俾斯麥》、《威廉二世》及《興登堡》三本書中則描寫政治上的德國，在《德國人：一個民族的雙重歷史》一書中更試圖將思想與政治兩個德國結合起來。

一個民族的性格無法從統計數據或民意調查結果中得知。要明瞭一個民族的整體特質，只有從親身和直接的體驗、對其歷史的瞭解，以及與各類人群和部族接觸中獲得。有些人認為，由陌生人評估一個家庭的成員會比由朋友評估來的準確，這是錯誤的看法。美國人接受分析自己國家的教育，並因而擁有與此相關的洞察力，所以在分析美國上，歐洲人自然無法與美國人相比。

本書是一個關於德國性格的簡短研究，書中有一些在德國戰敗後該如何對待德國人的實用建議。而德國的戰敗很快就會到來。

接下來的章節內容主要來自於我最近的演講，其中一章是我在美國眾議院外交關係委員會作證的證詞，其餘則是在政府機構所做的演講。

州聖莫尼卡（Santa Monica）

一九四三年十二月

路德維希

I

The German

日耳曼人

「高傲的德國愛國者堅持他可以獨自存在。
同時，他僭取其他國家獲得的成就，堅持這些都是他的後裔，
或最起碼也是他的旁系親屬。」

——歌德

德國人[1]的性格是不和諧的。最能表達這種不和諧情況的是德國成語：「Er fühlt sich nicht wohl in seiner Haut——他對皮囊下的自己感到不自在」。德國人從來沒有滿意過自己的命運。他無法知足，一直在尋找遠超過他所擁有之物還好的東西。德國人是他自己所謂的「Streber—拚命向上爬的人」。在這一點上，他與努力想放輕鬆的美國人正好相反。

德國人汲汲尋找更多權力，而非金錢，即使納粹成員也不例外。他們更喜歡從一個低階職位上對下級發號施令，而不是在大房子裡與同儕一起歡笑作樂。整體來說，德國人不喜歡快樂。他們在自己的工作上很認真，認為在工作時放鬆講笑話是不對的。甚至在喝啤酒及打保齡球的時候，他們也比較憂鬱，並不快活。他們雄心勃勃地不停地規劃和推動計畫，產生的緊張氣氛讓他們無法安心放鬆。

歷史上第一次出現日耳曼人的紀錄，是他們在西元一世紀離開自己的家園，南下尋找一個更好的地方。他們在國王或領袖的指揮下，離開原始森林，越過阿爾卑斯山，發現了如今的義大利、法國和西班牙地區。無論是追隨日耳曼人腳步之後的英國或北歐人，都沒有這麼早就開始流浪，而且流浪這麼久。日耳曼人在許多個世紀以來一直向南方前進，一而再、再而三地試圖征

01〉日耳曼人（【德】Germmanen；【英】German）是一些語言、文化和習俗相近部落的總稱。凱撒（Julius Caesar）在《高盧戰記》（*Commentarii de Bello Gallico*）中統稱所有萊茵河以東的民族為日耳曼人。日耳曼是指日耳曼人所居住的地區。現代英語的 Germany 一詞即從中演變而來。德意志人有時會中譯為「德國人」。條頓人是古代日耳曼人的一個分支，西元前二世紀時大致分布在易北河下游的沿海地帶，後來逐漸和日耳曼其他部落融合。後世常以條頓人泛指日耳曼人及其後裔。

服陽光燦爛的地中海地區。最初，他們身上裹著獸皮、頭頂戴著野生獸首所做的頭盔來到南方；後來他們以藝術家、詩人、思想家等身分再度南下，尋找歡樂和美麗的地中海。

所有中古世紀和現代的文獻都證明他們的流浪僅有部分是受到權力慾和對奴隸的需要所啟發。日耳曼人被內在的不安定驅動，離開了自己的森林。

一種奇特的缺乏自信讓日耳曼人渴望握有凌駕他人的權力，而且要受到他人的尊重。日耳曼人眼中的「他人」，是居住在地中海地區的民族，他們擁有更富足的家園和較高的文化。雅典人建立衛城一千年以後，日耳曼人還在追趕著野熊進入原始森林；他們仍是野蠻人，沒有自己的歷史記錄。在日耳曼人最早出現於歐洲的幾個世紀裡，他們的主要特質已經發展出來，至今仍然存在：他們的方法是制伏比自己富裕的鄰國，建立一個以主僕為主的階級結構，訓練自己的青年人勇敢，並服從比他們位階高的人。

一個有自信的人不會在乎別人對自己的印象如何。不論是在各種領域，或在德國人的整個歷史上，向來對自己沒有信心的德國人一直在問：「其他人怎麼看我？」就像是一個參加宴會的人，即使沒有人看著他，他卻不斷地拉著領帶、調整背心。

我們在德國藝術裡可以發現這個基本特徵的兩個極端表現：一個是舒伯特（Franz Schubert）的著名藝術歌曲《流浪者》（*Der Wanderer*），最後一句歌詞是「Dort wo Du nicht bist, dort ist das Glück——你不在的那個地方，那裡有快樂」；另一個則是歌德（Johann Wolfgang von Goethe）所寫的《浮士德》（*Faust*），描述一名得到世界上所有知識的魔術師，他一生到處尋覓幸福和寧靜，但無處可得。「去尋覓那一瞬間」，這個想要超越最幸福時刻的貪得無厭慾望，讓我們清楚地瞭解到德國人在一生中所有的痛苦與經驗。他想要榮譽，被尊崇；要權力，可以展現自己在體力和智力上的實力。榮譽和權力，這兩樣東西對他靈魂的影響力比金錢更強大。安靜地享受生活中美好的事物一向都不是他的目的。即使是現在的希特勒青年團[2]也不夢想得到更好的車、更多食物、或銀行帳戶裡有更多錢，他們夢想的是偉大、力量和征服。

這些基本的感覺已成為德國人的信條、一個神祕的信仰。所謂的「德意志民族神聖羅馬帝國」[3]在歷史上是獨一無二的：一個強大的民族在國外尋尋覓覓，最後找到他們的頂峰。近千年來，德國皇帝揮軍南下尋找羅馬，後來的德國知識分子更循路去尋找精神上的偉大。

儘管德國人從未承認，但缺乏天生的自信表現在兩個渴望上：征服比較快樂的鄰居，接著將征服之舉理想化。因此，殘暴行為和神祕主義混在一起，使得德國成為一個征服者的民族和一個音樂家的國度。俾斯麥是最出色的德國人之一，他曾對朋友說：「音樂總是喚起我心中兩個截然不同的渴望：一個是戰爭；另一個是田園詩般的寧靜。」德國最出眾的皇帝腓特烈二世（圖1）將這兩種渴望結合起來，讓他成了一名偉大的征服者、詩人，以及學者。另外，在貝多芬（Ludwig van Beethoven）的音樂裡，田園詩般的慢板之後總是勝利的進行曲。儘管程度較弱、且較不真誠，華格納（Richard Wagner）音樂的元素則是這兩種氣質的危險混合。發人深思且非常值得非德國人注意的是希特勒乃是一名華格納迷，他不追求放鬆，但追求靈感。

德國的傲慢和自負與他們對服兵役的熱情同出一源。一方面，缺乏自信

02〉Hitler-Jugend，納粹黨成立的青年組織，主要成員是十四至十八歲的德國青年男性。當時青年團遍布德國及德國控制的區域，以及海外的德國社群。

03〉神聖羅馬帝國是西元九六二至一八〇六年在以德意志地區為核心的歐洲封建帝國，從一五一二年開始的全稱是「德意志民族神聖羅馬帝國」或「日耳曼民族神聖羅馬帝國」。

讓他們發展出指揮、命令他人的熱情，另一方面也發展出服從他人的狂熱。德國人視他們的國家為一座金字塔，每個人都是金字塔的一塊石頭，在他的肩膀上背負著另一塊石頭；他很有耐心地扛著石頭，因為他可以將全部的重量讓站在他下面的人扛起來。這是他們發展出服從熱情的方式，沒有任何一個現代國家能理解德國人立正站在長官面前的喜悅程度。

條頓人自古以來就是一個好戰的民族，所以很容易被訓練成高效的戰士，而且強壯又聽話。不論是在今日、或是這兩千多年的任何時刻，身為一個戰士總能讓德國人滿意。他喜歡被敬畏、喜歡受尊敬，但他缺少其他人都有的內在和諧感。他無法放鬆，因為他缺乏自我滿足；即使他並不需要，也總是在尋找一個更高的頭銜或職位。他小心翼翼地盯著法國這個富裕鄰居的邊境，並不是因為覬覦不屬於他的法國水果和葡萄酒，而是因為他不喜歡看到法國人和平地享受生活中的美好事物，卻不理睬萊茵河對岸德國地區發生的事情。

這個金字塔的想法並不侷限於公共生活和政府。它從軍營開始，然後進入平民生活的各領域：公民的、學生的、工人的、公務員的生活。

因此，德國人在潛意識裡變得猜疑，表現方式是不斷的抱怨，也就是法國人所謂的「德國式爭吵」（querelles Allemandes）。德國人的國家——金字塔——在結構時必須非常準確，佇立在金字塔上的神必須是公正的。如果有任何一塊石頭認為自己有一點點不在應在的位置、或是認為自己扛的負擔過重，他會馬上抗議：這既不是因為自由的緣故，也不是為了他自己，而是要確定不能讓鐵桿階級秩序以外的人搶走任何一點好處。

服從和迂腐互補增強。德國人在他們的組織裡小心翼翼地看守著公平，就像其他國家的人看守著他們的自由一樣，這樣宏大的組織使得任何熱誠友好氣氛都無法存在。這造成的壓力隨處可見，在每個辦公室、在公共交通工具裡、甚至在電梯內，如果有人認為一個人占用了太多空間，盯視著他的眼光甚至能讓他喪命。世上任何某座城市都難像柏林一般，會在每天日常生活中遭遇到數千個小小衝突，不論是在旋轉門或在停車場上，因為在理髮店使用護髮液而起，或是午餐帳單上有十芬尼[4]的差額無法交代而起。即使是多年前，遠在第一次世界大戰的焦躁緊張氣氛來臨之前，我就注意到周遭頻頻發生這種情況。就像兩名董事在銀行辦公室裡互不信任，或像是郵件室的那些十四歲的辦公小弟，他們猜疑地監視著彼此，不讓任何一個人的午餐時間多出五分鐘。

這解釋了一個僅見於德國的奇特現象。只要政府當局與人民之間發生任何爭論，圍觀者總會站在當局那一邊。「團隊精神」集聚在國家身上，據此推論可得到「上帝」是對的結論。因此，證人在法庭上總是戒慎恐懼，他們說話的方式是為了博得法官的青睞。

這種態度也說明了「德國總參謀部絕無過失」的古老信念。法國人想當然爾地認為他們的總理或元帥一直是錯誤的一方，因此他們永遠傾向於反抗。德國人在前提上就認為他們的國王和元首是正確的，因此隨時準備打擊那些膽敢批評他們行動的飯桶或發牢騷者。甚至當戰事徹底失利，而且這些責任直指領袖時，如一九一八年的情況，德國人仍會將錯誤的責任扛在自己與同儕的肩上，以證明他們的神（即國家）不會犯錯。他們對失敗逃跑的凱撒沒有任何怨恨，戰敗的罪魁禍首興登堡元帥（圖2）被選為凱撒的繼任者，以

04）Pfennig，德國貨幣單位，一馬克等於一百芬尼。德國的法定貨幣曾歷經三個主要階段：一八七三年至一九一四年的凱撒帝國時期的金馬克（Goldmark）；一九二四至一九四八年為帝國馬克和帝國芬尼；一九四八年至二〇〇二年間則是德國馬克和德國芬尼。

解救德國這個金字塔。興登堡之所以被視為罪魁禍首，是因為他不顧自己的判斷，繼續打著無望的戰爭。

牛津大學和海德堡大學的學生在學校裡所學的內容大同小異，用功的熱情或多或少相同，不過英國的年輕學子或美國一般的大學生在漫步穿過校園時，他們抬起頭，姿勢輕鬆不緊繃。德國學生必須不斷地聽從學長的命令，只因為學長在校時間比他多出了一、兩屆。

德國人會培育出與他們性格相似的警犬絕非偶然。這些警犬和主人的生活幾乎相同，總是隨時服從主人的命令，瘋狂地攻擊任何主人要他攻擊的人。

研究在長官面前立正的德國人之聲調、姿勢和表情是很重要的。他全身看不到一絲厭惡的表情，卻有一種高興的期盼張力，等著長官下令以執行命令。在另一方面，他的長官則像一個偶爾展現出親切感的全能之神，以顯示出他的滿意。如果有人能在公眾事務的金字塔上爬得夠高，高到可以一瞥領袖（管他是凱撒或元首）的鞋底，他就覺得人生是值得的。

只要有一大群德國人的地方，就必須有員警以維持秩序。我第一次到英國，看到一部駛往賽馬場的巴士，三十人在車門側面排成一排，安靜等待車門打開。巴士周圍沒有任何員警，我以為我身在烏托邦。在美國，火車列車長的功用在於協助乘客，但在德國，列車長是乘客的上級。當他在車上喊出乘客出示車票，聲音姿態會讓人聯想到獄警用士官般的口氣大叫「注意！」當他查到一張異常的車票，會讓人覺得他就像祕密員警。但是，如果他真的發現車票無效，他就會像終於宣判被告有罪的預審法官，露出滿意的神情。

05〉Kaiser，神聖羅馬帝國與德意志帝國時期對皇帝的稱呼。

德國人十分習慣只要有三、四人加入他時，大家就組織起來的事實。這是他們受教育的方式。當德國人沒有上司長官時，他就會失去所有的秩序感。當德國人旁邊沒有員警、當他們被允許隨心所欲地行動時，他們會覺得好像地震或洪水毀壞了他們生活的所有規則。然後，所有限制都解除了，他們的行為就像沒有老師的小孩。德國人怎能期望自由？他們怎能維持自由呢？在還沒有學會自由之前，他們既沒有能力投票，也不知道如何管理自己。

塔西佗[6]提及日耳曼人時，他說他們準備為其領袖而死。當然，這類型的人擁有注定要走向軍國主義的性格，他們一步步地發展成軍國主義的性格，就像育種和訓練讓賽犬的特點越來越發達。

這樣的性格是迂腐之源。蒙哥馬利將軍[7]提及他在非洲輕易擊敗隆美爾

（圖3）時，便深知這一點。他說：「我知道隆美爾從前怎麼做。德國人總是重複自己。」

當然，德國人和所有人一樣，也有自己的私人生活，但他們的私人生活只存在於最親密的家庭圈子裡。他們與朋友或同事相處時始終保持莫名的緊張狀態：誰階級比我高？我必須先向何人打招呼？或誰向我打招呼？誰有權優先前行呢？所有的委員會、俱樂部、學校都是按照這個金字塔藍圖來組織，考慮餐桌上優先次序的重要性絲毫不亞於內閣會議順序的重要性。

但是，德國人在家裡也可能會變得非常人性化、或如他自己所謂的深情、親切的。哦，是的，他在家裡也會像其他人一樣放鬆，他也喜歡與孩子玩耍，照顧他的狗，在自己的花園裡蒔花弄草。他勤於閱讀——或曾經勤於

06〉Publius Cornelius Tacitus（56-117AD），羅馬帝國時期元老院元老及歷史家。
07〉Bernard Law Montgomery（1887-1976），英國陸軍元帥。

閱讀。他對於學習的渴望部分出於好奇，部分則源自於想要勝過鄰居或朋友的衝動。只要哪裡有德國人，哪裡就有競爭。

對德國人而言，家裡的食物量重於質。他甚至瞧不起法國人花這麼多時間和心力在食物上。儘管如此，德國人還是優秀的主人。德國和俄羅斯是歐洲最殷情好客的國家。

與盎格魯–撒克遜人相比，德國人比較不依賴於舒適安逸，他傾向在夢想中尋求放鬆；這時音樂就發生作用，成為德國人內心世界最深刻的表達方式。沒有任何民族、不論是匈牙利人或捷克人，會讓自己家裡充滿那麼多樂音。音樂是德國人表達他們性格中神祕特質的最好方式。而在戰士精神相形下弱了許多的奧地利，不論是在公私場合或何種階層，都能見到音樂的創作和改編。

德國人抒發內在浪漫主義的另一個方式是旅行，這是他們對於南方及溫和氣候的嚮往。他們意識到自己呆板的特質，但總是無法抗拒地受到地中海地區的歡樂和陽光所吸引。雖然鄙視地中海地區人民平凡無奇的陳舊住處，以及他們容易滿足的隨和態度，但德國人羨慕他們的優雅，這正是德國人最缺乏的特質。德國文學和音樂裡充滿了對優雅和美的渴望。因此，當今的德國藝術家前往地中海旅行的動機，與中古世紀德國皇帝前進南方的動機並無二致。

比起其他國家的女性，德國女性對自己國家文化的貢獻或文明內在成長的重要性比較輕微。德國沒有像《崔斯坦和伊索德》[8]這般煽動人心的偉大

08〉Tristan and Iseult，十二世紀法國長詩，描寫騎士崔斯坦和愛爾蘭公主伊索德之間的愛情悲劇；一八六五年華格納曾改編為同名歌劇。

情詩、沒有像哀綠綺思和阿伯拉的情書[9]、也沒有像布朗寧夫妻[10]的情詩。德國沒有像路易十五（Louis XV）和龐巴度夫人（Madame Pompadour）、但丁（Dante Alighieri）和貝緹綠斯[11]、保羅和法蘭契絲卡（圖4）這樣的情侶。偉大的德國傳說《尼布龍根之歌》[12]中的衝突爭的是榮譽和地位高下。當中兩名女主人公布倫希德（Brunhild）和克琳希德（Kriemhild）之間的爭吵，是為了誰該先進入教堂。

德國沒有受歡迎或曾經在宮廷發揮影響力的皇室情婦；除了奧地利女皇瑪麗亞・特蕾莎（Maria Theresa）以外，這裡沒有哪位女王曾經揚名歷史。德國沒有任何著名的情侶讓人永誌難忘，即使歌德和夏洛特・馮・斯坦（圖5）也不例外。在德國一千多年的歷史中，唯一被迫退位的統治者是巴伐利亞的國王（圖6），他將他的心獻給了一名美麗舞者。拉赫・法恩哈根[13]和柯希瑪・華格納（圖7）是唯二在十九世紀對傑出的男性有所影響的德國女性，但她們都有猶太血統。

在一個人人都覺得自己上面還有一個人的國家，有兩種特質卻因為其本質上的民主性而無法在此發展起來，這兩種特質就是信任與自由。如果沒有自由與信任，爾虞我詐將是每日的規則，而恐懼則會影響人的思想和內心。在視服從為美德、而發號施令也有其偉大之處的地方，自由是不必要的；德國人在一九一八年首度接觸到自由的時候，他們的感覺就像是美國南北戰爭後獲得自由的南方奴隸。

這個國家在這樣的氛圍下成了一個偶像：戈倫（圖8），一個未知的古代神祉。古代祭司不斷鼓吹迷信，以提高他的權力。「王位」和「祭壇」是德國王公青睞的表達方式。路德教會信徒成為最忠誠的臣民，就因為路德稱他的革命乃是「改革」，廢黜教皇，給予諸侯無限權力，使他們成為新教會的首腦。他們從那時起開始支付教士工資。只有德國南部的天主教因為精神領

09〉Héloïse & Pierre Abélard，阿伯拉是十二世紀法國神學家與作曲家，哀綠綺思則為其情人。
10〉Elizabeth Barrett Browning & Robert Browning，十九世紀英國夫妻檔詩人。
11〉Beatrice Portinari 為但丁創作《神曲》的靈感。
12〉《Nibelungenlied》是以中古高地德語創作的英雄敘事詩，完成時間約在十二世紀末期前後，但作者不詳。
13〉Rahel Varnhagen（1771-1833），十九世紀初知名的歐洲沙龍女主人，出身柏林的富裕猶太家庭。

袖身在一個遙遠的國家，比較不受世俗統治者的支配。因此，屬於最隱私的人性感情，也就是人與神的關係，竟被用來作為一種增加國家權力的工具。這種態度變成教義，國王也成為其中的一部分，最後遂成為國家法律。

法國和英國歷史中都有許多國王和其臣民嚴重衝突對抗的記錄。這些對抗往往發展成革命，國王因而被廢黜、有時甚至被送上絞刑台或遭斬首示眾。但在一千多年的歷史中，德國人從未有過真正的革命。德國三個所謂的革命都僅僅持續數天或數週，結果都是人民受到殘酷的報復。這些革命是一五二五年的農民革命；一八四八年發生於維也納、柏林等城市的革命；以及一九一八年君主制度倒台的革命。一九一八年的革命實際上只是二十二名王子逃跑了，結束的時間則是在十四年後希特勒掌權時。這三起革命沒成功的原因是德國人寧可要秩序，而不是自由；寧可接受命令，也不承擔責任。

我在一九一九年一月期間於柏林的所見所聞的紀錄，聽起來不免滑稽荒誕。

然而，這個秩序和服從的世界確實發展出一些優點。普魯士國王教導士兵如何踢正步及擦亮制服鈕釦，將精確度灌輸到他們的腦袋裡。經過三年軍事訓練之後，他們把相同的精確度和團隊精神也帶進了製作最精密的鏡頭、最好的相機、和最安定的化學溶液。

德國人個性上浪漫和音樂的方面一直較他們對國家及制服的崇拜來得弱。年輕的辦公室小弟們感受到身為階級制度一環的代價，他們羨慕那些袖子上臂章比較多或等級比他們高的人。如果你敢跟他開玩笑，穿制服的郵局職員會皺眉。站在郵局櫃台後面，他不再是一個個人，而是成為巨大機器裡的一個小輪子，這會比他的三個好兒子更令他自豪。

美國人非常看重個人責任感，因此售票處的每名職員在辦公桌上都有一個名牌，讓公眾知道他的名字。德國的情況正好相反：每個人在辦公室裡都是無名的。老師的兒子在學校也不敢跟父親談及個人私事。經歷五十多年之後，每當憶起童年在緊閉的窗口前等待郵局職員的情景，我至今仍無法忘記當時恐懼蔓延全身的感覺。當我跟政府官員說話的時候，我的背部仍然挺直，就像是我從前看到穿制服的人時會自動挺直背部一樣。我還記得我和姊姊走在我們西里西亞（Silesia）小鎮的狹窄人行道上，她當年是個二十歲的姑娘。有兩名中尉經過我們身旁，為了讓出路給他們先走，兩名中尉牽起我姊姊的手，將她拉到路邊，就只因為穿制服的人有權先通過。

當然，當事情發生在自己身上時，德國的男女對此都很反感，但沒人敢大聲抗議。當員警或醫生一到了他們的工作崗位上，他們就不再是「個人」了。

跟在主治醫生後面觀看他巡察他「指揮」的醫院是非常值得的。他大聲吼出命令，在走廊上邁步前行就像一名陸軍中士，白色醫生外袍飛揚在身後，後面跟著三四個助理和幾名護士。他走進病房，臉上帶著一副居高臨下的微笑、或是掛著我主掌生死大權的憂鬱神情。然後，他衝著助理的臉咆哮出他的命令，再大步離開病房。他一邁出房門後，病人才眼見入侵結束而放下心。我看到病人在病床上坐起，向上司行禮。如果這樣的事情已經有幾百年的歷史，自由的概念在此怎麼可能成為一個創造性的力量？那怎麼會有合作？公平又怎麼可能發揮作用呢？

德國人的語言中甚至沒有「fair──公平」一詞，就如同他們沒有

「gentleman—君子」一詞。這兩個詞都是以其英語形式收入德語詞彙。德國人自小被訓練成戰士，缺乏盎格魯-撒克遜人的運動精神和對遊戲的喜悅。德國是個沒有嗜好的國家。

一九一四年，當第一批英國戰俘被德國俘虜，他們向德國衛兵伸出雙手想要握手時，德國衛兵卻不伸手。他們不知道人們也可以向敵手微笑。在洛杉磯和阿姆斯特丹[14]舉辦奧林匹克運動會時，未獲獎的德國人在現場製造了一些非常不愉快的場面。他們無法忍受被擊敗，很粗暴地質疑裁判的公正性。

這種缺乏寬容促成了反猶太主義。為什麼猶太人遭迫害發生在德國呢？為何不是在英格蘭？猶太人生活在英國的時間幾乎跟他們在德國的時間一樣久，英國猶太人的人數與財富也和德國猶太人不相上下。如果外人有用、且愛好和平，那麼自信且心態平衡的盎格魯-撒克遜人會承認外人的優點。在英國，一個猶太人能成為總理，此外也有一名猶太人擔任駐印度的總督。另一方面，德國一直嫉妒這些「外國人」，卻又利用他們。德國地區在這一千年來，每個世紀都曾出現過迫害猶太人和反猶太的暴動。

歌德在比較過猶太人與德國人後曾說，德國人「應該散布到世界各地，就像猶太人將他們內心的善行散播出去」。這表示無論是德國人或猶太人，都不具備建立偉大國家的必要特質。

希特勒也比較了猶太人與德國人，甚至更恭維猶太人，宣稱：「這世界只有兩個強大種族，一是德國人、另一個是猶太人。這就是我為什麼要消滅

14〉分別指一九三二年第十屆夏季奧運，以及一九二八年第九屆冬季奧運。

猶太人的原因。」

促成現代德國內部反猶太主義的原因不是因為猶太人擁有無數財富，反而是因為他們獲得許多諾貝爾獎。德國大眾惡毒地攻擊猶太人，而且不承認猶太人自由展現出來的聰明才智。

．．．

可是！如果自由的理想就如同上帝的理念，都是天生就存在人類的意識裡，那麼德國人也在尋找自由，不過他們卻是以自己的獨特方式去找尋。他們在自己複雜性格的另一個層面中找到了自由，但那裡遠離現實；自由的理想在他們的夢中、透過他們的詩歌流傳著。他們用象徵性的詩句歌詠自由：

你從不想看
這被壓迫的世界，
引領你的舞蹈
只有天空繁星。[15]

（這也就表明自由僅存在於星空，而不是地上。）

這就是心智和國家之間注定不和的起點，決定了德國數百年的歷史。除了極少數的例外，統治階級的容克[16]、伯爵、王子始終都是缺乏文化涵養的戰士，完全滿足於權力和發號施令當中。另一方面，普通公民是政府的臣民，而不是它的創造者；他們被排除在政府之外，在一八六七年之前沒有投票權。公民把注意力轉向了商業、科學和藝術，因此，數百年來，階級之間依

15〉詩句取自東普魯士詩人馮·申肯朵夫（Max von Schenkendorf, 1783-1817）的詩作《自由》（*Freiheit*）。
16〉Junkers，普魯士的貴族地主階級。

然互覺陌生，沒有相互理解：一個是缺乏文化卻強大的官員和政治家階級，另一個則是有教養卻無權力的臣民階級。

全世界的人都在關注此一奇觀，他們永遠無法理解，為什麼這個創造出音樂、文學和科學奇蹟的民族，卻在每一個世紀都發起了侵略戰爭。

受傳統和教育之賜，貴族階層製造出了優秀的官員，但缺少智識訓練卻造就出低劣的政治家和外交家。這個原因導致一個擁有許多戰士的偉大國度可以打贏戰爭、擴張邊土，但是國家卻被缺乏政治見解的領袖所支配。這就是德國的政治家和思想家之間、心智和政府之間永遠不和諧的根源，而這種分裂在歷史上相當獨特。

德國社會的運作原理有點像是紐約第五大道的公車。在公車下層，一個孤獨的人駕駛著車子，不受控制；在上層的平台上，藝術家和科學家舒適地坐著享受美景，不關心在下面的領路人是否知道如何開車。如果他不知道如何駕駛、如果車翻了，這些紳士會甚為驚訝。

誠然，在美國也有年長的愛默生（Ralph Waldo Emerson）和同時代年輕的西奧多·羅斯福（Theodore Roosevelt）之間的思想差異。但理論和行動之間的較量在這個國家向來不是根深柢固。在歐洲，英國伊麗莎白女王青睞莎士比亞，法國的太陽王路易十四喜歡拉辛[17]，而羅馬的教皇和義大利的王子總會贊助最優秀的藝術和最先進的科學。

在德國近五百年期間，一些次要侯國的王公常以贊助當代的偉大知識分

17〉Jean Racine（1639-1699），法國劇作家。

子自娛。但強大的霍亨索倫[18]家族除了那些對其個人目的有利的智識以外，從來沒有承認過思想的價值。從克卜勒（圖9）到愛因斯坦，天才在這裡從未被正當地認可過。因此，漢斯·霍爾拜因（圖10）遠走英國；杜勒（圖11）則前往義大利。德國只有少數城市曾贊助才子智士。

最令人驚訝的是德國公民根本不想統治國家。他們非常快樂地生活在一座夢幻島嶼上，擁有他們的哲學、音樂和科學。他們有時看到國家之船經過，可能會向船揮揮手，但他們更樂意讓王子和國王統治國家，自己則安居在自己的夢中，做好自己的工作。

在其他國家，例如沙皇俄國，一些難以駕馭的知識分子不時起身反抗，但他們不是被槍殺，就是遭驅逐出境。俄國爭取自由的著名詩人和革命者多來自貴族；德國就沒有立碑紀念爭取自由的英雄，也沒有可誇耀的烈士。在馬丁路德宗教改革之後的五百年，我們只能列出兩個人名：霍費爾（圖12）和布倫（圖13）。在德國沒有人知道一八四八年遇害革命者的名字，但每一個征服過城鎮的將軍卻無人不知其名。

心智和政府之間的意見分歧延續了幾個世紀。當帝國的征服戰爭無往不利時，德國的知識分子並沒有參與其中；但當帝國被朝代分裂而虛弱時，藝術和科學卻蓬勃發展，影響世界。這些代表心智之人和那些代表權力之人理所當然的聚合場所應該是大學，其中有些甚至是世界上最古老的大學。但是由於德國沒有私人基金會，這些科學中心在過去五百年都是由王公贊助，他們也挑選和支付教授的薪資。

18〉Hohenzollern，該家族為歐洲的三大王朝之一，為布蘭登堡－普魯士（1415-1918）及德意志帝國（1871-1918）的主要統治家族。

傑出的醫生、化學家和其他科學家確實都來自這些大學，但哲學、宗教和歷史的教學總是控制在王公手上，必須為王公的利益效力。德國科學家或許能發表最具革命性的癌症或結核病理論，但卻被禁止自由寫作有關國家、哲學、自由和政治的文章。教授群是王公的僕從。

由於這些原因，將國家觀念神化的鼻祖黑格爾（圖14）在柏林頗富影響力。而比他更偉大的同儕叔本華（圖15）卻一直是個孤獨的隱士。

繼馬丁路德之後，康德（圖16）是另一個顯示一個偉大的人在受到掌權者威脅時會墮落到何種深淵的明顯例子。只要康德所教的是對容克腦筋而言太過抽象的形而上學，當權者就會讓他安靜教書。他們也忽略他的「永久和平」建議——這是一個成立類似國際聯盟組織的想法，康德在其中還稱讚英國和法國的政府體系。但當康德看到波蘭被列強瓜分，他卻保持沈默。後來當他捍衛宗教自由時，普魯士國王明明白白地告訴他：要不閉嘴，否則就予以辭退。這名偉大的天才腦海中有一個美好世界，他卻不敢將抗議書送到國王面前，這名國王是歷史上最愚蠢的統治者之一。康德寫給國王的信安全地鎖在他的辦公桌內，他的學生在他死後才在抽屜裡發現了這封信。

德國有一些很好的歷史學家，但他們的研究僅限於外國歷史。他們可以自由地批評外國歷史，但卻無法獨立、且不偏頗地寫出自己民族的歷史。蒙森（圖17）支持捷克的滅絕。約在一九〇〇年，有一名「自由派」的歷史學家寫了一篇對威廉二世（圖18）的頌詞，但沒有多久之後，威廉二世就逃走了。

知識分子仰賴軍國主義政府，迫使這些最優秀的人才將痛苦傾吐到私人信件中，這些信件都是在執筆者死後多年才得以公開。每個國家都受到、並也應該受到自己最好的人才的批評。現今世界的混亂正是因為「不批評」已然成了風尚，每個國家都覺得自己的職責是要誇大讚美自己的優點和才能。然而，幾乎沒有其他國家能像德國人一樣辛辣地諷刺自己的國家性格。我們可以從馬丁路德到尼采以降德國最好的知識分子的表達方式中注意到這一點。

不過，在德國心智和國家的兩相分裂當中也有一些罕見的例外。

歌德在世時，他一直身陷在思想和行動、夢想與現實的問題當中。當歌德在威瑪公國擔任首相，輔佐欣賞他的年輕公爵時，他曾嘗試在法國革命前引進一些自由思想。歌德所寫的論文耗費了他最多產的十年，也讓他悲苦地確信了德國沒有任何地方能允許一個寬容政府的存在。

席勒（圖19）成為德國公眾心目中的自由詩人，歌德則被視為一生中都是王公貴族的親密朋友。但歌德向來不是這種人，其他國家的人對於他的觀點完全扭曲、錯誤。這名最偉大的德國人對他的國家、他的同胞有許多尖銳的意見。我們只在本書章節之前舉出幾個例子。

另一名試圖以一個知識分子的身分來治理德國的人是威廉·馮·洪堡（圖20）。但武力傳統在普魯士地區甚至比其他地方更牢固，洪堡的嘗試連十年都無法持續，僅僅維持了十個月。二十年前，德國曾出現第三個天才型的人，他試圖管理德國政府，但上任才五個月就被納粹成員暗殺。他是德意志共和國出現過最傑出的人才：瓦爾特·拉特瑙（圖21）。

在美國，美利堅合眾國的國父留下了三十七卷的創作；傑弗遜（Thomas

Jefferson）和富蘭克林（Benjamin Franklin）也是作家；威爾遜（Woodrow Wilson）能成為總統主要是因為他的著作。在英國，人們認為政治家曾經就讀牛津大學、理解經典、寫過書是理所當然的事情。在法國，從黎塞留[19]到赫里歐[20]，歷來的傳統是以藝術、文學、哲學做為政治生涯的優秀墊腳石。

但德國沒有這種傳統。將軍、或那些受歡迎的將軍無不粗鄙，就像布呂歇爾（圖22）一樣。唯一的例外是毛奇（圖23），但他出生時是丹麥人。興登堡不但不學無術，甚至以此自豪，他誇耀自己除了軍事書籍以外，從來沒有讀過其他書本。

一九一四年八月二日，由於德國總理必須身著制服在國會公開宣讀凱撒的戰爭消息，興登堡因此突然被晉升為陸軍上校。

這種當權者的反智傾向及德國知識分子不顧現實的態度，解釋了一個奇怪的事實，那就是一個充滿豐富詩意天賦的民族竟沒有創作出一齣關於德國戲劇。德國最偉大的劇作家席勒曾寫過七、八齣歷史劇，但當中只有一齣與德國歷史有關。浮士德也許是唯一可視為類屬德國的戲劇人物。德國沒有像莫里哀（Moliere）或莎士比亞那般水準的喜劇，因為德國人缺乏幽默感；德國人就和浮士德博士一樣，永遠在尋找和諧的那一瞬間。

這些都是德國性格根本分裂的因素。當然還有一些諸如由氣候、地理環境和歷史演進所造成的原因。

19〉Armand Jean du Plessis de Richelieu（1585-1642），法王路易十三時期的宰相。
20〉Édouard Marie Herriot（1872-1957），法國政治家及作家。

II
The Prussian

普魯士人

「小心點，他們是普魯士人；他們總是認為自己比別人聰明。」

|

歌德

有兩種人能代表日耳曼的兩個驚人極端：普魯士人和奧地利人。這絕不僅是兩個皇室之間的對比而已。就算過去曾經只是兩個皇室間的對比，但現在絕對不是，因為皇室已經消失二十五年了。這兩個地區的氣候大不相同。奧地利像半個南方，盛產水果、葡萄酒和美麗的風景，這裡的人更像義大利人，而不像德國人。純粹的天主教教育，不同的族群相互融合，維也納的地理位置讓它成為從北到南、從東到西的商業交點，創造出了一種國際視野。

混合的文明和較為輕鬆隨和的生活使得這些奧地利人沒那麼窮兵黷武，更重視美感，也更為溫和；換句話說，奧地利在各方面都比其北方的兄弟更加可親。他們的國家成了音樂的故鄉。

哈布斯堡家族並未創造這種氣質，但他們是這種氣質的象徵。雖然他們在大部分的戰爭都敗陣了，但帝國藉由聯姻與聰明巧妙的條約，依然得以擴張。女性在奧地利生活的各方面都扮演著極為重要的角色，並且也為統治王朝建立榜樣。有十幾名德國凱撒出身自奧地利皇室，他們與其他歐洲皇室通婚，因此哈布斯堡皇室雖然在六百年間只出現過三個偉大的統治者，但這個家族占據王位的時間卻超過所有的統治王朝。

另一方面，德國北端是普魯士，當地遍布沙質平原，要將土地變成適合種植黑麥、馬鈴薯或蔬菜的良田，則有賴儉樸、辛勤的農人。這個國度裡沒有葡萄酒，罕見美麗的風景，水果也是稀缺的。如果與奧地利的音樂和田園詩般的風景相比，這裡有的則是散文。這個地區混居住著各個北方斯拉夫民族，他們是最不像日耳曼族的斯拉夫部落與普魯士人，他們在容克地主的統治下，開墾這塊崎嶇貧瘠的土地。

日耳曼皇室霍亨索倫家族在整整五百年前從德國南部移居到此。他們繼承、有部分則是靠征服，取得日後的普魯士地區，但他們並沒有將南方風韻的記憶帶來北方。

柏林在維也納建城一千年之後才成形。這座城市位在一個孤立、且不宜人居的地方，無法自行開發商業或文化，更遑論發展藝術和音樂。普魯士人曾是、並且仍是最平凡無奇的德國人。

普魯士的貧困和必須過著辛勤、斯巴達般的生活，使得普魯士自然而然地發展出了擴張的需求和戰士本能。和同時期的歐洲其他地方一樣，普魯士地區的大地主躍升為貴族，成為有力的統治者。沒有旅人會造訪這片寬闊的沙地，或告訴這些勞苦如牛馬的農奴，遠在萊茵河畔的城鎮或奧地利部分地區的人民擁有許多自由。這裡和其他日耳曼地區少有往來，四百年來也未見任何一個普魯士選侯或國王曾被選為凱撒。在這種情況下，沒有人起來反抗統治階級。封建制度下的好官員全力支持他們的國王，他們要求特權，而且也得到更多的特權做為獎勵，而歐洲其他封建政府絕不會給予諸侯如此優渥的特權。這些容克占據著軍隊和政府的主導位子。平民僅有的權利是為他們的主人做牛做馬，而後為國王而死。他們從來不知道還有任何其他形式的政治生活。

普魯士的平民和農夫不得不服兵役，服役時間往往長達三十年，這種情況在腓特烈大帝時期仍無改變。一個農夫獲准每年可回家四個月，一來照顧他的農地，二來生產報國，為國王製造下一代的士兵。在德國，最屈辱的身分是普魯士的平民，他們得不到任何正義，更毫無權益可言。平民完全仰賴自己領主的殘酷意志，甚至他的路德教會牧師也不敢挺身反對領主，因為牧師的薪水都是由容克們支付的。這個最有效的控制手段讓容克成為自己莊園裡的專制國王，生死大權皆掌握在手，莊園內的臣民連呼吸都得聽容克的。他們就像今天的納粹政權下的地方長官（Gauleiters）。

這種系統一直持續到十九世紀。即使當時俄羅斯和美國已經廢除奴隸制度，東普魯士的農奴制卻繼續存在。容克稱它是父權制度，貧困民眾稱它為天意，史學家則稱之為奴役。在這樣的氛圍下，文化和自由沒有發展的可能性。布拉格和維也納擁有自己的大學已有數百年歷史，但柏林在一八一〇年之前沒有一所大學。在宗教改革後，路德將德國王公們捧為他們領地裡的教會領袖，普魯士選侯和國王因而比天主教國度的王公們握有更大的權力，完全駕馭了他們的子民，控制了所有學校和大學。

軍國主義的生活規則並不侷限於兵營裡。軍事紀律在普魯士無處不在，普魯士到了十九世紀仍然罕見平民可獨立學習、研究，就連那些奧地利會提供人民放鬆、享受用的公共劇院和音樂廳在這裡也極為罕見。在練兵場上隨處可見的軍事服從，悄悄地從家家戶戶的後門進入人民的家裡和心中。這情況過去如此，在我們這個時代還是如此。三歲兒童穿著制服，手拿木槍、頭戴頭盔，昂首闊步地走著。在回答學校老師問題時，孩子們那種立即專注回答的樣子，就像是士兵一樣。即使是今天，正宗的普魯士人要是看到美國男孩邊和教授談話，邊坐在椅子上嚼著口香糖，仍會對這種脫序景象大為震驚。

制服崇拜遍及各行各業，這種崇拜不僅在腓特烈大帝（圖24）時代存在，就連在我年輕時的威廉二世時期，任何一個自重的女僕或廚娘都必須要和一個穿制服的士兵出去散步，或者有錢人家的女兒會以跟一名中尉在溜冰場滑冰為榮。世界知名的教授會將「預備役中尉」這個頭銜印在自己的名片上，就在他們響亮的大名底下。他們會以「一個健康的凱撒戰士誕生了」這種方式在報上宣告兒子出生。普魯士教授最快樂的日子是皇帝生日那天，因為一年當中只有這一天他可以用特權階級成員的身分出現在公眾眼前。他可以將發福鼓脹的腰圍塞進舊軍制服裡，這件磨損的制服曾跟著他度過開心的兵役期；他這天又可以穿上制服，胸前戴上所有的徽章，跟著遊行人潮走在街上。

大多數的普魯士政府官員每天都穿著制服。面對平民時，他們總是採用軍隊命令式的語氣。每位老師、每名郵局職員也是如此。這種狂風似的咆哮並非天生殘暴的結果，即使是心腸柔軟的德國人也會覺得自己有責任履行國家的神聖任務；於是，當窮人或藉藉無名的「臣民」來買郵票或繳稅時，對他們說話就必須表現得像個傲慢的貴族或殘酷的士官長。一道難以逾越的牆隔開了身穿制服的男子與其他比較不高尚的民眾。有一次，我收到一封英國稅務局的來信，我非常驚訝，因為信尾簽署的話極為禮貌：「您恭順的僕人」。在德國，即使最不起眼的官員在寫信給世界知名人士或知名企業的總經理時，小官員也絕對會以這樣的句子起頭：「你被要求報告（或看、或出現、或支付……等）」，結尾一定是書記難以辨識的簽名。

霍亨索倫家族在這樣的體系中興盛了大約五百年，在此期間只出現過三名優秀的統治者，另外十七個統治者則非常平庸，不是亂花錢、就是尚武的斯巴達人。霍亨索倫的軍隊由「大選侯」在一六五〇年左右建立。他們擴大領土的手段是威脅和征服，而最特別、最成功的方法則是將他們的鄰國出賣給外國勢力。這一政策的結果是所有其他國家在十九世紀都已奄奄一息，只有奧地利仍是可能的對手；但礙於性格和教育，奧地利人根本無法成為普魯士之流的士兵。

· · ·

腓特烈大帝的父親、人稱「軍曹國王」的腓特烈．威廉一世[1]，一手創建了普魯士的軍隊和政府體系。腓特烈．威廉一世碰巧是一個比他的問題兒子更堅實和直接的人。他的統治當然是軍事專制，帶有嚴厲的經濟計畫，但那當中沒有他的個人野心。所以，被稱為「國家第一僕人」的不該是腓特烈大帝，而應是腓特烈·威廉一世。擘劃、並開發出一套運作良好的國家行政管理系統的正是他。他對抗造反的容克，並建立了一支包括八萬三千名官兵的龐大軍隊。

威廉一世建立的青少年軍事教育非常殘酷，常以棍棒、甚至酷刑管教，但普魯士人並不討厭這種軍事教育；他們從來不反抗，最後便被塑造成這位軍曹國王冀望的聽話、高效的士兵。這種其實不過就是軍事訓練而已的教育，創造出了為戰而戰的慾望；士兵們邁步走上戰場，卻不知道、也不在意為何而戰或敵人是誰。這樣的軍隊會發展出攻擊、而不是防禦的精神也就不足為奇了。這也說明了一個事實，即德國人不是好的失敗者。德國軍隊在進

01〉Friedrich Wilhelm I（1688-1740），一七一三年登基為普魯士國王兼布蘭登堡選侯。

攻時非常傑出，但在撤退時可就士氣潰散了。

普魯士腓特烈二世的經典戰役結束之後，德國人只輸過兩場戰爭：第一次是一八〇六年對抗拿破崙的戰爭[2]，當時普魯士軍隊幾乎全軍覆沒；再者則是第一次世界大戰。德軍在一九一八年時沒有為可能的撤退或內線防守預作準備，在擁有半個歐洲的情況下，德軍一失敗，二十四小時內就全軍棄戰了。同樣的事情，明年還會再發生。

普魯士士兵在過去三百年來被教育要服從，但卻不明白原因。儘管所有現代的宣傳、儘管有收音機，普魯士人的消息仍不靈通，因為他在自己的國家裡只聽得到單方說詞，也沒有批判的新聞來刺激公眾討論。普魯士「盲從」(Kadaver Gehorsam)的舊觀念雖仍可激勵士兵勇猛且成效顯著的攻擊行動，但卻給不了他們在防禦時應有的智慧和道德力量。

「軍曹國王」威廉一世的統治是歐洲數百年來最愚昧的時期，唯一能超越他的僅有希特勒。任何文化的展現、所有文明的精益求精，都被他稱為是「薩爾達諾帕路斯[3]的狂歡」。這位軍曹國王僅有一項喜好：他的軍隊。但他沒有孤注一擲地將軍隊投入實現主宰世界或種族優勢的戰爭大夢，他建立了一支優秀的軍隊，但並未發動戰爭。威廉一世就像待在家中的賢慧家庭主婦，把家裡整理得一塵不染。待軍曹國王一駕崩，年輕的腓特烈便迫不及待地利用他父親的宏偉戰爭機器。腓特烈大帝發動對奧地利的戰爭，多年後他承認，發動這場戰爭完全是出自他的野心。隨後戰爭接二連三，二十年間不曾中斷。整個戰爭最後的戰利品只是一個貧窮小省西里西亞[4]，但代價卻是百萬人的性命。

02〉一八〇六年十月的耶拿 - 奧厄施塔特（Jena-Auerstedt）戰役。
03〉Sardanopalus，古希臘作家描寫傳說的亞述國王，以放蕩縱慾聞名。
04〉Silesia，中歐的一個區域。奧地利戰敗後割讓給腓特列大帝，成為普魯士的西里西亞省。此地在一九四五年後，絕大部分屬波蘭所有。

美國大眾對腓特烈大帝有一個非常扭曲的印象，使得美國人對普魯士產生了一個錯誤的想法。由於普魯士視英國為敵，腓特烈有一段時間曾支持美國革命，美國人因此視他為英雄，加上他曾經拉攏伏爾泰（Voltaire），所以也被認為是一個自由主義者。由於馮．斯托本（圖25）是一名成功的美國將軍，又正好是普魯士人，結果腓特烈就被大眾譽為是美國的救星。

但事實正好相反。當拿破崙宣稱腓特烈大帝是一位偉大的將軍，我們可以相信拿破崙的專業眼光。就算腓特烈大帝時常賣弄地說些他敬佩法國自由思想家的話，但他絕非自由主義者。身為普魯士王國的國王，他是當代最薄情的暴君，在道德上遠遠低於他的對手、奧地利的瑪麗亞．特蕾莎女皇。尤有甚者，馮．斯托本將軍在效命普魯士王國之後，竟被忘恩負義的國王解雇，甚至遭到流放。馮．斯托本因此不得不移民法國，他在巴黎認識了聖日耳曼伯爵（Count of St. Germain）。伯爵將他介紹給華盛頓將軍。馮．斯托本隨後便帶著法國提供的資金和武器，航向美洲大陸。

另一名前往美國、被當地人視為來自普魯士的人，事實上並非普魯士人：卡爾．舒爾茨（圖26）。他的家庭來自萊茵河地區。萊茵蘭[5]被割讓給普魯士不久之後，卡爾．舒爾茨出生於此。萊茵河兩岸的人民在過去和現在都一樣鄙視普魯士。當舒爾茨以一個偉大的美國人的身分回到德國旅遊時，他過去的敵人俾斯麥首相邀請他留在故鄉為祖國服務。但舒爾茨拒絕了俾斯麥的邀請，舒爾茨的舉動被視為是美國道義上的勝利。

移民美國的德國人並不代表典型的德國人。在這個國家出生成長的德裔美國人，他們的父祖協助建立了美國，他們自己對祖國的瞭解僅來自偶一為

05〉Rheinland 指的是中歐萊茵河兩岸的地區；普魯士在一八二二年將此地劃分為萊因省；根據一九一九年的凡爾賽和約，德國軍隊禁止在此地區駐紮。

之、帶著浪漫情懷走上回鄉之路的夏季旅行經驗。他們充滿熱情地支持凱撒，以及之後那位所謂的「元首」。他們身在美國這個安全的避風港，希望看到德國這個世界強國能掌握在強人的手上。

正如我在《德國人的歷史》(*History of the Germans*) 中所描寫的腓特烈，我們今天瞭解的腓特烈大帝的真實事跡，正是一個典型的普魯士故事，清清楚楚地表明他的哲學即是殘暴和專制。腓特烈在回憶錄中寫道：「當專制君主出馬，他們就為所欲為；他們發動戰爭，讓勤奮的法學家擔心理由」。這聽起來和希特勒的《我的奮鬥》(*Mein Kampf*) 如出一轍。

腓特烈常引用自由哲學使徒、英國哲學家洛克 (John Locke) 的話，但他讓自己的子民擁有的自由，甚至比「太陽王」路易十四給他臣民的還少；如果綁架和搶劫外國公民對他有益，腓特烈也不會在乎。那個時代最好的知識分子無不鄙視腓特烈：萊辛（圖27）、溫克爾曼（圖28）、赫爾德（圖29），赫爾德這位偉大的德國思想家在逃離祖國時還詛咒著他。腓特烈侮辱歌德、貶低莎士比亞。他唯一見過面的天才是音樂家巴赫（J. S. Bach），但腓特烈卻沒有讓巴赫得到他期望的宮廷管風琴家職位。如今，巴赫的《布蘭登堡協奏曲》是唯一能讓我們回想起布蘭登堡顯赫過去的作品。

・・・

普魯士創造出了自己的哲學。在柏林，哲學家費希特（Johann Gottlieb Fichte）說：「除了更強者的權利以外，國與國之間沒有法律、沒有權利的存在。」黑格爾宣稱：「戰爭是永恆的，戰爭是道德的」。現在仍然有些強國或多或少地相信這一點。但將之當作宗教，由教授講道宣揚，要求神靈祝福，並採用哲學家的學說來崇拜暴力，這是普魯士自己的發明，希特勒只不過是沿用普魯士的舊配方。最先宣告「德國神祉」的是普魯士人，而且他們早就公開宣揚「日耳曼統治世界」，還比希特勒早了半個世紀。

在我們談及普魯士知識分子的同時，也讓我們細數普魯士有多少偉大的心靈對德國整體才智做出貢獻。德國名人堂裡面沒有一個普魯士人，這座名人堂裡有古騰堡（圖30）和克卜勒；畫家方面有杜勒、克拉納赫[6]、和十六世紀的霍爾拜因；宗教方面有路德。接著是德國人才輩出的輝煌時代，文學方面有歌德、席勒、萊辛；還有一些世界上最偉大的音樂家，巴赫、格魯克（圖31）、海頓、莫札特、舒伯特，還有後來的韋伯（圖32）、舒曼、華格納。哲學家方面則有萊布尼茲（圖33）、叔本華、黑格爾。這些人全都來自德國西部或南部，或是薩克森州（Saxony）和漢撒（Hansa）共和國。康德、貝多芬和洪堡是半個德國人；孟德爾頌[7]、奧芬巴赫[8]、海涅（圖34）、馬克思（Karl Marx）是猶太人；這些人當中沒有一個真正的普魯士人。

這其實並非偶然，而是有其邏輯。除了普魯士自己，沒有其他地區的人會認為普魯士屬於德國特性的一部分。各方都同意德國民族的靈魂肯定是來自萊茵河，那裡的歷史和傳說、詩歌、美酒和音樂創造了德國生活當中的精髓。來自德國各方的人不會為了東部的西里西亞和波森[9]省犧牲自己的生命。他們只會為萊茵河和西部的古老城市奉獻生命。

然而，普魯士絕對統治了德國。在義大利、希臘和其他國家統一之際，德國自由主義者嘗試了半個世紀，以一統德國。他們充滿善意，腦子塞滿了

06〉Lucas Cranach the Elder（1472-1553）和 Lucas Cranach the Younger（1515-1586）父子皆是德國著名畫家。
07〉Felix Mendelssohn（1809-1847），作曲家。
08〉Jacques Offenbach（1819-1880），歌劇作曲家。
09〉Posen，一八四九年至一九一九年間是德意志帝國的一省。

美麗的想法，但這些教授和作家缺乏從政經驗，這些意識形態怎麼可能成功地對抗普魯士軍國主義已建立數百年、如同鋼鐵般的教條呢？德國平民從來沒有坐下來討論過國家的未來。當未來終於來臨時，它的形式是在法蘭克福召集一個沒有選舉權的前置議會。這些人選了誰擔任第一任總統？哈布斯堡王室一個微不足道的大公。

當有人提議普魯士國王登基成為德國皇帝時，他用他那招牌理由拒絕了這項榮譽：「我不會接受由塵世之手奉上的皇冠；皇冠必須來自上帝。」

一八四八年，柏林和維也納的群眾發動了四百年來的首次起義，他們試圖以武力獲取四十年前君主承諾給他們的權利：在政府裡擁有影響力，以及擁有投票權。然而，普魯士的刺刀迅速將柏林和南部所謂的革命鎮壓下來，結果反動行動隨處可見。

二十年後，身為容克的俾斯麥成功地在未詢問德國人意願的情況下以武力統一了德國，這當然是普魯士風格的手段。不過，俾斯麥的觀點更廣泛且更宏大，在普魯士是前無古人、後無來者。

俾斯麥出身自一個無足輕重的普魯士容克家庭，他的才智繼承自母親。她的家庭出身平民，但以優秀的法學家和立法者著稱。儘管俾斯麥才華洋溢，但要是沒有男爵的頭銜和容克的龐然身材，他可能永遠無法洞悉保守派國王的信心，並從中獲得無限的權力。俾斯麥在許多方面都不是典型的普魯士人，從他對朋友的選擇就可證明。在最吸引他的兩名女性當中，一名是俄羅斯的公主，另一名則是英國女子。而他從青年到過世前僅有的兩個密友，一名是波羅的海小國的伯爵，另一名則是美國著名的歷史學家莫特歷（圖35）。俾斯麥所有最親密的信件都是寫給莫特歷的。

儘管最近有許多人拿俾斯麥與希特勒相比，但這樣的比較非常荒謬。就像他們喜歡的作曲家分別是貝多芬和華格納一樣，這兩個人在各方面都顯示出最大的反差。不令人意外的是，在普魯士進攻奧地利之前，俾斯麥家中演奏的是貝多芬第五號交響曲。希特勒這個裝腔作勢又歇斯底里的演說家當然是一個典型的華格納迷。他的目標脫離現實，有種要征服世界的神祕和無限渴望，就像那些中古世紀凱撒的夢想。

俾斯麥的願景非常清晰：他要團結德國人、讓他們強盛，而不是增加領土。就如我們所說的，俾斯麥以普魯士的手法，用武力和暴力征服德國各諸侯國。沒有一個國家的統一無需使用武力，但俾斯麥是少數知道打敗對手後要踩剎車的政治家，而他踩剎車的點就是奧地利。俾斯麥以最大的毅力、甚至是人身威脅，阻止了得勝的將軍凱旋踏進奧地利。他與奧地利在一八六六年簽署的條約可確切地稱為是現代史上第一個「威爾遜和平」：沒有要求領土或賠償。

俾斯麥在一八七一年不得不屈服於國王的意志，向法國索討了阿爾薩斯（Alsace）省。他開給法國的和平條件與希特勒開給法國的條件根本無法比擬。

俾斯麥在一八八五年開創了社會保障，比小羅斯福總統（Franklin Roosevelt）還早了五十年。當然，這是由上往下的下令行事，就像完成帝國統一也是下令行事，或者復興德意志帝國也是如此。但當俾斯麥在一八七一年於法國凡爾賽宮宣告德意志帝國的基礎，讓普魯士的威廉國王成為凱撒威廉時，他邀請了德國平民和各界代表團到場觀禮，讓德國人民見證王公諸侯的決定。國王被迫接下德意志帝國的皇冠。

在德意志帝國成立的前幾年，也就是一八六七年，德國人讓世界清楚地看到他們沒有能力自治。他們終於獲得選舉國會的投票權，這個國會必須起草一部未來一統帝國的憲法。當終於到了投票決定國會是否有權對內閣投信任票時，百分之八十的人投了反對票，可以說國會放棄了自己的權利。這說明了他們害怕責任，而且缺乏自信。

國會大廈（圖36）位於柏林的大廣場上，國會大廈前面豎立著帝國創始人俾斯麥的巨大雕像。他身著帝國將軍制服，腳穿高統靴，腰際配著長劍。但靴與劍並不是俾斯麥喜歡的配件。

在國會大廈後方，幾乎被國會建築的陰影遮蓋住的地方，矗立著一座小型建築，這是總參謀部，普魯士真正的心臟。路人經過時會偷偷瞄一眼，說話時也會壓低聲音，總是害怕這小房子裡可能有什麼祕密。每隔一段時間就有一片將決定德國命運的紙頁從這裡送了出來；這張紙上過去會有國王或凱撒的簽名，如今則是「元首」的簽名，而且未經前面的國會許可便直接公布。這張紙就是動員令。德國人喜愛、而且總會接受這些命令。

這一切在俾斯麥的手中都很安全：二十多年來，他謹慎地避免捲入新的戰爭。他非常清楚德國地理位置的危險，周圍有三大、甚至四大強國環繞。俾斯麥多年來都反對組建一支強大的海軍，他是德國日益壯大的帝國主義的最後一道阻礙。他很滿足於普魯士國王成為德意志帝國的世襲總統，這就是他對德國凱撒的願景。

在英國拿下越來越多的殖民地之際，俾斯麥是第一個反對德國競逐殖民地的人。對於這個驕傲的人心中的無奈，我們必須深入瞭解德國性格才能得知。俾斯麥深知唯有一個自由國家的公民才適合成為「商人冒險家」。德國人極度有效率和組織，卻無法成功地創立殖民地。他們試圖把國內金字塔型的系統移植到赤道地區。我在一九一二年參觀過那些殖民地。在非洲就如同在柏林，都是由臣民服務國家，而不是國家服務人民。德國這個不自由的民族根本不適合統治當地不自由的人。

俾斯麥被解職後，威廉二世便立即以參雜傲慢和威脅的語氣，宣布要主宰世界。威廉二世是個典型的頹廢繼承人，他身體有缺陷，一手臂殘缺，他所受的教育讓他努力掩飾自己的缺陷，成為強人。

非常值得注意的是，德國人在一個世代的時間內竟兩度崇拜歇斯底里的領導者。威廉二世和希特勒之間的相似度如此驚人，希特勒在他的職業生涯之初甚至常被稱為威廉三世。

德國人偏好過度情緒化、戲劇性的領導人，這件事讓人覺得不可思議。無論是個人或國家，只要個性健全，都會尋找健康、且均衡的人來領導。美國人在一百六十年間沒選出一個歇斯底里的總統。英國的歷史上也沒有瘋狂的首相。但威廉二世和希特勒兩人都很異常，無論是對他們一般行為，或質疑他們怪異性向的報告都再三證明這一事實。

典型男子漢的俾斯麥在主掌德國政府的二十八年間，遭到人民憎恨和恐懼，只有在他被解職以後（或許這是主因），德國人才開始喜歡、尊敬這位德國的「元老」。在威廉二世時代，勃恩哈地將軍（圖37）和其同道開始發表有關世界霸權的著作，當中的內容煽動、非常類似納粹的文宣。這個普魯士將軍寫了一篇有關美國總統塔夫脫[10]的文章，其中寫道：

在美國，塔夫脫總統提出了強權之間的仲裁條約。這些條約必須遭到阻止和推翻，必須在輿論上賦予戰爭其道德理由。必須讓大眾瞭解戰爭具有價值，是最有力的文化推動力量……戰爭能讓人性做出最崇高的行動。個人的殘酷和弱點在整個理想主義之前消失……像德國這樣一個剛起飛的國家，尚未達到政治和國家的頂峰，仍依賴其權力的擴張，所以一般的仲裁條約對一個這樣的國家是有害、具有毀滅性的。

威廉二世蓄意破壞海牙（Hague）的和平決議，並寫下無法翻譯的句子：

「Ich scheiße auf die ganzen Beschlüsse! ——我他媽的××整個決定！」

有兩個德國人的智識正好與首相俾斯麥相反：一是華格納，崇拜貝多芬的俾斯麥不喜歡華格納，但五十年後在希特勒統治的德國世界，權力更甚的並非俾斯麥遺留的精神，而是華格納的音樂思想。二是尼采，但今天所有的納粹理論並不是出自尼采手中。的確，尼采是反民主的，他發明了「Herrenmoral—強主道德」一詞，並用此字描述非常有天賦的人，但這並不意味適用於所有德國人身上。尼采對德國這個國家的矛盾與不平甚至甚於歌德。他寫道：「當我想像是哪種人違背了我所有的本能，最後總會發現原來是德國人。我無法忍受這個種族，他們總是讓其他人身陷佞徒損友之間，又

10〉William Howard Taft（1857-1930），美國第二十七任總統。

沒有區分細微差別的能力……我覺得，奴隸尚未獲得解放的黑色大陸就在德國北方附近……條頓人的定義：服從和長腿……日耳曼是一個危險的民族，他們瞭解『陶醉』的藝術……所有真正的條頓人都出走到國外。目前的德國處在一個前斯拉夫時代的階段，正準備邁向泛斯拉夫歐洲之路。」

・・・

德國在俾斯麥首相任期內有一段短暫的時間沒有備戰或發動戰爭，當時德國人剛投入工業，三百年的軍事訓練此時轉向了和平的活動。普魯士軍國主義的精神貫穿了德國的工廠、醫院和造船廠，那些始於大選侯，並由腓特烈大帝的父親繼之灌輸給士兵的軍事操練，如今在蔡司[11]、克魯伯[12]和泰森[13]的工廠依然繼續進行著。

這世界也許還不明白，在近年來的一九一〇年和一九三〇年這兩個時間點上，德國本來有機會成為歐洲的工業和商業領導者。他們的節奏和勤奮、他們對美好生活的質樸要求、他們天生的不安和狂熱的努力，讓他們較法國和英國更有成功的機會。

這本來會是平靜的生活，但「征服」這個字眼的古老魔力並不允許這種生活繼續下去，和平的努力變成世界大戰。德皇威廉和希特勒這兩個發動戰爭的人讓德國在本世紀喪失了她在和平時期的成就及造福世界的機會。我們無法想像美國總統會於一九〇〇年或一九二〇年在華盛頓對全世界宣布：「我們現在是世界上最富有又最強大的國家。我們要宣戰，征服加拿大或墨西哥。」美國的公眾輿論對這樣的建議會強烈地說「不！」，但德國的傳統則是說「是！」

11〉Carl Zeiss 在一八四六年創立卡爾蔡司公司（Carl Zeiss AG），生產光學產品。
12〉Friedrich Krupp（1787-1826）在一八一〇年成立鋼鐵廠。
13〉August Thyssen（1842-1928）在一八九一年成立採礦公司。

在一開始，協約國並不確定最後能贏得第一次世界大戰，如今的情況更是不能確定。但是，德國在一九一八年戰敗有四個特殊的原因。

過去的普魯士統治階層可以聲稱自己的優點是為人廉潔，不會被收買。在我童年時代的德國，教授和將軍是無可懷疑的：他們甚至對金錢不感興趣。他們追求的是榮譽。將軍和政府部長都很窮，比較低階的貴族家庭甚至得撙節度日。他們的女兒常得自己縫製舞會禮服，因為兒子在精英軍團服役，所有家庭收入都必須留給從軍的兒子使用。

隨著威廉一世之死，這種普魯士式的簡樸也隨之消逝。威廉一世一輩子都睡在鐵製行軍床上，享壽九十高齡。他的繼任者威廉二世[14]立即將稅收調增了近乎一倍，好為自己購買各種奢侈品，並發展出跟後來的希特勒一樣低劣的品味。由於宮廷生活奢華，普魯士的容克們試圖模仿這種生活也就不足為奇，結果情況演變成伯爵們開始要兒子迎娶有錢、但無貴族頭銜的家庭、銀行家和實業家的女兒，甚至迎娶猶太家庭的女兒，以便為自己的家庭增加財富。這現象正好讓漫畫家特別鎖定這種特殊聯姻，當成豐富的作畫題材。

如果紐約銀行家的女兒嫁給一個沒有封地的王子，美國的社會結構不會瀕臨崩潰。金錢當然有其地位和權威，不過，當對金錢和地位的渴望讓人開始贊成貴族與工業或金融界聯姻時，普魯士軍官和政府官員這種廉潔特權階級的金字塔就開始打從基礎動搖了。

第一次世界大戰爆發後，普魯士軍官的道德與四十年前戰爭時相比已大不如前。在一八七〇年，德國軍官就連一只小杯子也不會偷，或許有哪個士

14〉威廉一世逝於一八八八年三月，其子繼任為腓特烈三世，但在位僅三個月即因喉癌病逝。當年六月，腓特烈三世之子登基，即為威廉二世。

兵會從法國農場上牽走一頭牛，但這類事情自從人類發動第一次戰事時就出現了。但從一九一四年到一九一八年，貪腐現象幾乎和在今日的德國一樣普遍。我曾親眼目睹普魯士的高階軍官從羅馬尼亞有錢人家中搶走皮草和白銀。奧圖曼帝國的土耳其人雖然向來不以誠信著稱，但此時他們也只能絕望地站在一旁，看著近東古文物堆在巴爾幹特快車的貨廂內，一路駛向德國。

統治圈裡不斷增長的財富絲毫沒有削弱這群人對文化的蔑視：渴望更多財富自然鼓勵了對征服戰爭的寄望。德國人蔑視和平主義者，結果發展出一種信念，認為任何崇尚和平的人都是無賴，都是自己國家的叛徒。

德國另一個在一九一八年戰敗的原因，是威廉二世個人的懦弱。當年他的祖父威廉一世還是在俾斯麥的強迫下，才不得不從危險的戰場上撤退。在四年戰爭中，威廉二世毫無軍魂的行為嚴重影響了德國人對君主制的同情。這個二十年來成天演講誇耀要征服世界的人，如今竟然毫無前往前線戰場的膽量。

戰敗後，普魯士容克指責新建立的共和國是公眾士氣衰弱的原因。實際上，削弱普魯士軍人精神和德國人尊重國王的傳統的並不是社會主義者，而是從凱撒以降的「軍閥」不得體的行為，這才是造成普魯士斯巴達精神崩解的主因。

德國失敗的第三個原因，是因為差勁的外交。德國的外交官都是來自毫無文化可言的統治階級，這個國家重要的外交職務從未讓有腦子的人擔任。統治者灌輸人民對於美國的可笑想法，認為美國人沒有戰鬥意志。當一名老容克在國會起身大喊：「美國人怎麼可能來到這裡？他們沒有船，也不會游泳！」我親眼目睹他們喜不自勝地大笑。

全國上下都相信這種愚蠢的言論，就算到了今天，也應該變聰明了吧，但德國人至少還有半數相信戈培爾（圖38）廣播宣傳時所說的：「侵略延遲了，因為英國人和美國人仍在吃早餐。」

當勞合．喬治（圖39）談到協約國的「銀子彈」，這讓德國人覺得自己就像虔誠的十字軍，是在發動聖戰對抗異教徒。趕赴戰場的德國士兵相信自己是在為永恆的理念奮戰。

最後，知識分子徹底的錯誤導致德國輸了這場戰爭。具有國際視野的知識分子陣營也許能找到一個共同平台，在一九一七年與法國和英國最優秀的

圖 1〉腓特烈二世（Frederick II, 1194-1250）
年幼時住在母親的西西里王國。一二一一年在教皇英諾森三世的支持下，繼承其父神聖羅馬帝國的亨利六世遺留的王位，登基為日耳曼國王。一二二〇年被選為神聖羅馬帝國皇帝。腓特烈二世改革法律、重視外交，並鼓勵學術。尼采稱他是「第一個歐洲人」，近代歷史學者則稱他為「第一個現代統治者」。

右圖 2〉興登堡（Paul von Hindenburg, 1847-1934）
普魯士及德國陸軍元帥、在威瑪共和國時期是第二任聯邦大總統。雖然興登堡對納粹黨反感，他仍任命希特勒為德國總理，並在希特勒影響下簽署授權法案，等於廢除了威瑪共和國的民主制度，為希特勒的獨裁統治鋪了路。

左圖 3〉隆美爾（Erwin Johannes Eugen Rommel, 1891-1944）
德國陸軍元帥，素有「沙漠之狐」之稱。隆美爾除了軍事能力之外，也以人道精神對待敵軍士兵、並拒絕殺害猶太裔和英國突擊隊戰俘的命令。他在戰爭後期捲入推翻希特勒的行動，希特勒讓其選擇可享有榮譽的私下自殺進而保護家人，或受軍法審判但全家送入集中營，隆美爾選擇前者後服毒身亡。

右上圖 4〉保羅和法蘭契絲卡（Paolo Malatesta & Francesca da Rimini）
十三世紀義大利里米尼的情侶。保羅隱瞞妻子，與其嫂法蘭契絲卡偷情。但丁在《神曲》中描述兩人死後落入地獄。在這幅浪漫派畫家謝爾菲（Ary Scheffer）所繪的圖中，右方身著紅衣者即為但丁。

左中圖 5〉夏洛特．馮．斯坦（Charlotte von Stein, 1742-1827）
威瑪公侯國的貴族，她在威瑪宮廷擔任宮女時，認識了歌德與席勒，成為密友，並對兩人的作品影響甚深。

左上圖 6〉路德維希一世（Ludwig I, 1786-1868）
這位政治態度保守的巴伐利亞國王因為與情婦的緋聞，導致人民對他的不滿加深，因此在一八四八年革命時讓位給長子。

左下圖 7〉柯希瑪．華格納（Cosima Wagner, 1837-1930）
匈牙利鋼琴家李斯特的女兒，同時也是音樂家華格納（右）的妻子。

右圖 8〉戈倫（Golem）
猶太教的黏土人偶，由拉比將法術灌注於黏土，製造出可行動的人偶。當拉比在戈倫額頭寫上「אמת」（emeth、真理）就能讓戈倫動作；若字改為「מת」（meth、死），戈倫便會停擺。圖中是一九二〇年代默片電影《戈倫》當中的泥偶形象。

左圖 9〉克卜勒（Johannes Kepler, 1571-1630）
德國天文學家、數學家。克卜勒是十七世紀科學革命的關鍵人物，最為人知的成就為克卜勒定律。他的著作啟發了牛頓想出萬有引力定律。

上圖 10〉霍爾拜因（Hans Holbein der Jüngere, 1497-1543）
德國畫家。由於當時宗教改革反對教堂懸掛繪畫，專擅肖像的霍爾拜因處境艱難，遂前往倫敦發展。他曾為英王亨利八世和朝臣們繪製許多肖像。

下圖 11〉杜勒（Albrecht Dürer, 1471-1528）
德國畫家。杜勒藉由他對義大利文藝復興的理解，將羅馬神話帶進歐洲北方的藝術中，也使他成為該時期最重要的畫家之一。

上圖 12〉霍費爾（Andreas Hofer, 1767-1810）
一八〇九年提洛邦（County of Tyrol）起義中，對抗法國和巴伐利亞占領行為的領袖。圖中騎馬者即是霍費爾。

下圖 13〉布倫（Robert Blum, 1807-1848）
出身德國科隆的詩人和出版人，曾參與一八四八年革命。一八四八年革命是歐洲各國在當年爆發的一系列武裝革命統稱。雖然行動大多都迅速以失敗告終，但還是造成各國君主與貴族體制動盪，並間接導致德國統一及義大利統一運動。圖中即是布倫行動失敗後受刑決的場景。

右上圖 14〉黑格爾（Georg Wilhelm Friedrich Hegel, 1770-1831）
德國唯心論哲學的代表人物之一，其思想對後世哲學流派，如存在主義和馬克思的歷史唯物主義影響深遠。

右中圖 15〉叔本華（Arthur Schopenhauer, 1788-1860）
德國哲學家。叔本華對心靈屈從於慾望和衝動的壓抑、扭曲的理解，啟發了日後的精神分析學和心理學。

右下圖 16〉康德（Immanuel Kant, 1724-1804）
德國哲學家。德國古典哲學創始人，學說深深影響近代西方哲學，並開啟德國唯心主義和康德主義等諸多流派。

左上圖 17〉蒙森（Theodor Mommsen, 1817-1903）
德國史學家，以研究羅馬史著稱。一九〇二年曾獲諾貝爾文學獎。蒙森曾是普魯士和德國國會議員，他對羅馬法和債法的研究，對德國民法法典影響重大。

右頁圖 17〉威廉二世（Wilhelm II von Deutschland）
末代德意志皇帝和普魯士國王，一八八八至一九一八年在位。《凡爾賽條約》明定威廉為戰犯，威廉二世逃至荷蘭，但荷蘭女王不理會協約國，拒絕引渡他受審。威廉二世餘生在荷蘭依舊過著奢華生活。

右上圖 19〉席勒（Friedrich Schiller, 1759-1805）
德國啟蒙文學的代表人物。席勒是德國文學史上著名的「狂飆運動」代表者，公認也是德國文學史上地位僅次於歌德的偉大作家。

左上圖 20〉洪堡（Wilhelm von Humboldt, 1767-1835）
德國學者、柏林洪堡大學創始者。洪堡是普魯士教育改革的推動者，也是一位外交官。

右上圖 21〉拉特瑙（Walther Rathenau, 1867-1922）
柏林出身的猶太裔德國實業家、政治家、作家，一九二二年六月，拉特瑙因政治因素遭暗殺身亡。

右下圖 22〉布呂歇爾（Gebhard Leberecht von Blücher, 1742-1819）
普魯士元帥，帶兵風格以雷厲風行著稱，這張諷刺畫即是嘲諷其帶兵殘暴。

左頁圖 23〉毛奇（Helmuth Karl Bernhard von Moltke, 1800-1891）
毛奇曾領導德軍參加普奧戰爭和普法戰爭，在色當之戰中取得決定性勝利，為實現德意志統一貢獻重大，受封伯爵，並於次年晉升元帥。

Carl Günther
Berlin.

右上圖 24〉 腓特烈二世（Friedrich II von Preußen, der Große, 1712-1786）
史稱腓特烈大帝。普魯士在他統治時期軍力大規模發展，領土大舉擴張，文化藝術得到贊助和支持，「德意志啟蒙運動」得以開展。他讓普魯士在德意志內部取得霸權，邁出以武力統一德意志的第一步。他是歐洲「開明專制」君主的代表者，在政經、哲學、法律、音樂上頗有建樹，是啟蒙運動的重要人物。

左上圖 25〉 馮．斯托本（Friedrich Wilhelm von Steuben, 1730-1794）
普魯士人，一七七七年參加美國獨立革命後入籍美國。

左頁圖 26〉 卡爾．舒爾茨（Carl Schurz, 1829-1906）
一八五二年移民美國，一八七七年為美國內政部長。

右上圖 27〉萊辛（Gotthold Ephraim Lessing , 1729-1781）
德國啟蒙運動時期最重要的作家和文藝理論家之一，最著名的劇作是《智者納坦》。

右中圖 28〉溫克爾曼（Johann Joachim Winckelmann, 1717-1768）
德國考古學家和藝術家。溫克爾曼的著作不僅影響了考古學領域，對西方後世的繪畫、雕塑、文學，甚至哲學亦有啟發。

右下圖 29〉赫爾德（Johann Gottfried von Herder, 1744-1803）
德國哲學家和詩人。他的歷史哲學和精神哲學影響了黑格爾的辯證哲學，美學則影響了歌德和尼采。

左頁圖 30〉古騰堡（Johannes Gutenberg , 1398-1468）
第一個發明活字印刷術的歐洲人。古騰堡印刷術在歐洲迅速傳播後，在隨後興起的歐洲文藝復興、宗教改革、啟蒙時代和科學革命當中都扮演了重要角色。

右上圖 31〉格魯克（Christoph Willibald Gluck, 1714-1787）
歌劇作曲家。格魯克在哈布斯堡宮中擔任宮廷樂師多年，曾經是瑪麗・安東妮的音樂老師。

右下圖 32〉韋伯（Carl Maria von Weber, 1786-1829）
作曲家。韋伯的著名歌劇《魔彈射手》（*Der Freischütz*）是德國第一部浪漫主義歌劇。他的堂姊康絲坦茲是莫札特的妻子。

左上圖 33〉萊布尼茲（Gottfried Wilhelm Leibniz, 1646-1716）
哲學家，數學家，被譽為是「十七世紀的亞里士多德」，他在數學上和牛頓先後各自發明了微積分，在哲學上則以其「樂觀主義」最為著名。他和笛卡爾、史賓諾莎公認是十七世紀最偉大的三位理性主義哲學家。

左下圖 34〉海涅（Heinrich Heine, 1797-1856）
浪漫主義詩人，新聞工作者，他和卡爾・馬克思在一八四三年相識後，就和馬克思及恩格斯的關係非常密切。

左頁圖 35〉莫特歷（John Lothrop Motley, 1814-1877）
美國歷史學家和外交官。

Fig. 1. Westfassade des Reichstagsgebäudes in Berlin. Erbaut 1884—94 nach den Plänen von Paul Wallot.

圖 36〉德國國會大廈（Reichstag）

Reichstag 一詞是在神聖羅馬帝國時期出現，本意為國會，目前則專指這座位在柏林的國會大廈。此處先後是德意志帝國議會和威瑪共和國議會的會址，二戰後遭到廢棄，一九九九年起則為德國聯邦議院的會址。

上圖 37〉勃恩哈地將軍（Friedrich von Bernhardi, 1849-1930）
普魯士將軍和軍事史專家。最知名的著作是《德國和下一場戰爭》（*Deutschland und der Nächste Krieg*），書中主張社會達爾文主義，影響了納粹意識型態。

下圖 38〉戈培爾（Joseph Goebbels, 1897-1945）
希特勒及納粹黨在一九三三年執政後，戈培爾被任命為宣傳部長。上任後第一件事即是將納粹黨所列禁書焚毀，對德國媒體、藝術和信息的極權控制隨之開始。希特勒自殺不久後，戈培爾便在毒殺六個親生子女後隨之自殺。

右上圖 39〉勞合．喬治（Lloyd George, 1863-1945）
英國政治家。曾在第一次世界大戰期間領導大英帝國，擊敗德國。他也是巴黎和會的主要與會者。

左上圖 41〉貝特曼－霍爾威格（Theobald von Bethmann-Hollweg, 1856-1921）
第一次世界大戰期間的德意志帝國總理。他在斐迪南大公於賽拉耶佛遇刺後，促使奧匈帝國採取強硬行動，導致大戰爆發。

左頁圖 40〉老布洛王子（Bernhard von Bülow, 1849-1929）
德意志帝國時期擔任總理。他曾說：「且讓別的民族分割大陸和海洋。我們滿足於藍色天空的時代已經過去了，德國也要求陽光下的地盤。」這句話揭示了德國在二十世紀初的對外擴張政策。

Mord Erzberger

Als Täter sind ermittelt:

1. Der am 20. Juli 1893 in Saalfeld (Saale) geborene, seit Ende April 1921 in München, zuletzt Maximilianstraße 33, wohnhaft gewesene

Kaufmann Heinrich Schulz;

2. der am 27. November 1894 in Köln-Lindenthal geborene, seit Mai 1921 in München, Maximilianstraße 33, wohnhaft gewesene

stud. jur. Heinrich Tillessen.

Schulz ist der Täter, dessen linkes Ohr am oberen Rand verstümmelt ist. Die nachstehenden Brustbilder stellen Tillessen dar.

Offenburg, 12. September 1921.

Badische Staatsanwaltschaft.

右上圖 42〉艾茲伯格（Matthias Erzberger , 1875-1921）
德國政治家及政論家。一九一九年至一九二〇年曾為威瑪共和國的財政部長，後遭暗殺。

左上圖 43〉艾茲伯格和其他兩人遭到暗殺的消息公告。

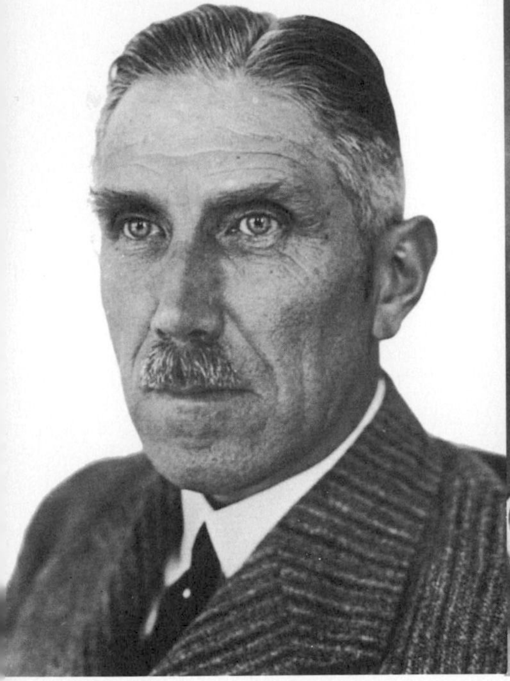

右上圖 44 〉亞伯特（Friedrich Ebert, 1871-1925）
德國政治家，威瑪共和國首任總統。

左上圖 45 〉馮・巴本（Franz von Papen, 1879–1969）
德國貴族、軍官和政治家。一九三二年擔任德國總理，他是紐倫堡大審中的二十四名被告之一，但根據其起訴書，最後法庭以其不足以「密謀觸犯反和平之罪行」獲釋。

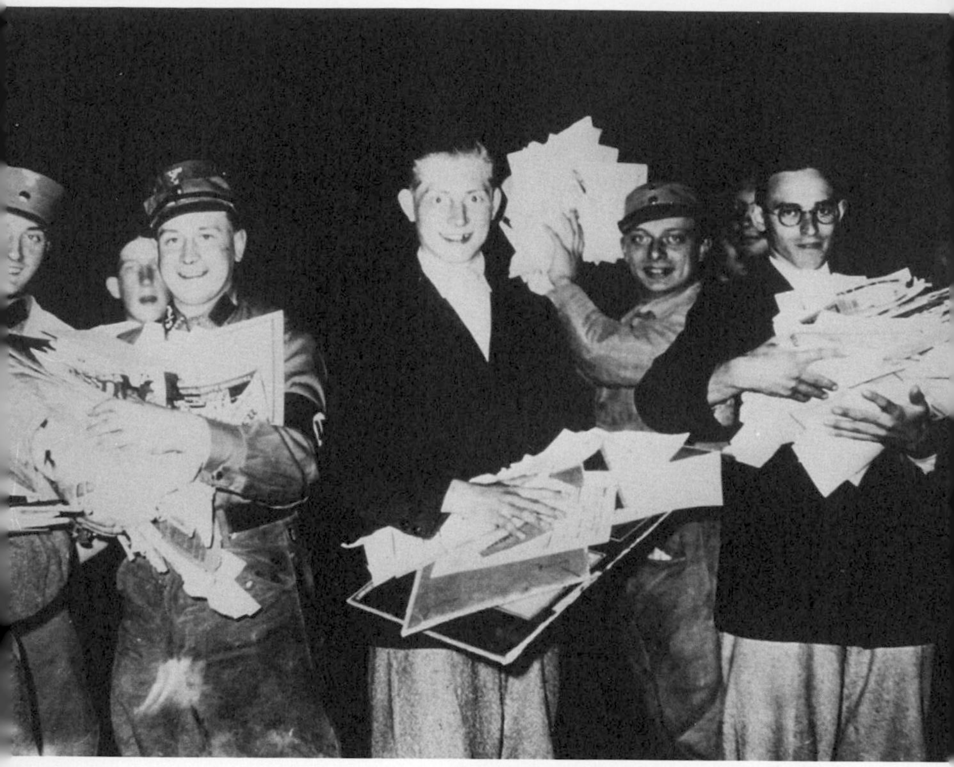

右頁圖 46〉柏林焚書事件現場（Bücherverbrennung 1933 in Deutschland）
一九三三年五月十日晚上，柏林歌劇院廣場前聚集了大約七萬名學生，他們用卡車和推車運來將近二萬本書。大學生幾星期前已開始從圖書館中將內容帶有「非德國」思想，或作者是納粹德國的敵人的書籍取出，許多圖書館員、甚至教授都默許此舉。當晚，學生代表古特亞爾（Herbert Gutjahr）在現場對人群大喊：「我們已經起身反對非德國的思想。我把一切非德國的全扔入烈火。」萬本書霎時已成火海，而且焚書行為不只出現在柏林。
圖片：*US Holocaust Memorial Museum/courtesy of National Archives and Records Administration, College Park, MD*

右上圖 47〉尼莫勒爾牧師（Martin Niemöller, 1892-1984）
激烈的反納粹者，後遭逮捕入獄，人稱「希特勒的個人囚犯」。

左上圖 48〉海德里希（Reinhard Heydrich, 1904-1942）
德國納粹黨黨衛隊重要成員，猶太人「最終解決方案」的執行者。由於行事殘酷冷血，因而有「金髮禽獸」、「鐵石心腸」、「納粹斬首官」等稱號。

上圖 49〉施特雷澤曼（Gustav Stresemann, 1878-1929），圖右。
德國政治家，曾任威瑪共和國總理，及外交部長。一次世界大戰後讓德國恢復國際地位的重要人物。施特雷澤曼以其主張和解和談判的政策，與法國外交部長白里安於一九二六年同獲諾貝爾和平獎。圖左即為白里安。

下圖 50〉色當會戰
一八七〇年九月一日，普法大戰於法國色當 (Sedan) 開打，普魯士軍隊俘虜了拿破崙三世，史稱「色當會戰」。圖中右方的拿破崙三世交出隨身佩劍，以示投降。

上圖 51〉沙赫特（Hjalmar Schacht, 1877-1970）
德國銀行家，曾在希特勒政府中擔任央行行長和經濟部長，協助希特勒實現經濟復興、再工業化和重新武裝的政策。

下圖 52〉馮．施尼茨勒（Georg von Schnitzler, 1884-1962）
他在擔任法本公司總裁時曾主導公司資助希特勒政府，在戰後成為紐倫堡大審中的納粹戰犯。

上圖 53〉張伯倫（Houston Stewart Chamberlain, 1855-1927）
英裔德國政治哲學家，妻子是音樂家華格納的女兒。其著作《十九世紀的基礎》（*Die Grundlagen des neunzehnten Jahrhunderts*）成為納粹種族政策的重要文獻來源。

下圖 54〉馮．隋特斯克（Heinrich von Treitschke, 1834-1896）
德國歷史學者，隋特斯克支持德國在普魯士統治下實行統一的政策，並且以極端的民族主義和反猶太立場著稱。

知識分子建立共識。這樣的陣營或許能加強少數幾名出國尋求與協約國接觸的社會主義領袖的實力。但德國的教授繼承了他們的神聖傳統，稱讚所有將軍們認為值得稱道的事物。老布洛王子（圖40）後來告訴我，儘管他身為總理，卻沒有人告知他總參謀部已下令入侵比利時。將軍們單獨、絕對、不受干擾地進行統治，直到戰敗。當貝特曼-霍爾威格（圖41）總理宣稱「需要知道，沒有理會」時，全德國、包括哲學家在內，都對他報以熱烈的掌聲。九十三名最重要的德國知識分子發表了共同宣言，宣稱違反比利時的中立是道德的、公正的、非凡的。除了極少數的獨立知識分子，德國教授、詩人和藝術家全都百分之百地支持將軍們侵略比利時。為什麼？

正如我們之前所說，每一個科學家、醫生、作家，不論他是何人，或從事任何專業，都視被允許穿上軍服為無上光榮。布呂寧[15]治理德國兩年，很

15〉Heinrich Brüning（1885-1970），威瑪共和國時期的德國總理。

久以後向我承認，說他人生中最快樂的時光是他參戰的那兩、三年，先是二等兵，後來升為中尉。

普魯士的猶太人對戰爭特別熱中，試圖比非猶太人表現得更像個普魯士人。即使在今日，許多猶太人仍為「可憐、被誤導的德意志民族」辯護，他們還存著重回德國故鄉的夢想。對他們國家的領導人來說，這些人的愛國心不是不足，而是過剩。一九一八年，當所有穿著光鮮制服的容克從前線躲躲藏藏地棄械逃回德國之際，德國知名企業赫伯羅特輪船公司（Hapag Steamship Line）的創始人、著名的猶太航運大亨阿爾伯特．巴林（Albert Ballin）就在凱撒遺棄了他的國旗、逃離德國的那一天自殺了。他無法忍受活在自己認為的恥辱當中。而這位凱撒後來又活了二十多年，身體健康，而且生活富裕。

當美國人在一九一八年來到歐洲要終結戰爭時，他們在德國的聲望甚巨。美國人被視為是創造奇蹟的騎士。但是，當他們兩三年後要借錢給德國並和德國有生意往來時，德國人對美國的崇拜卻立刻煙消雲散。德國人不理解勝利者為何要出於自己的自由意志來跟他們和解。美國人真誠地想幫助德國人，但此舉卻被德國人視為軟弱和恐懼的表現。

美國人這次肯定會再度展現出他們的勇氣，但他們不應該又在勝利後表現出友好的態度。唯有如此，德國人才會承認美國人是勝利者。德國人必須感受到恐懼，否則，他們會立刻變得霸道，咄咄逼人。

III
The German Defeated

戰敗的德國人

「瘟疫在這民族上！勉強重獲自由，
除了撕裂為二，有什麼用？
你從悲傷、喜悅中什麼也沒學到？
喔，德國，低或高，你不是個聰明孩子。」
—
歌德

各盎格魯-撒克遜國家普遍認為凡爾賽條約是一個「奴隸條約」，是它創造了希特勒。散布這種認知的是徹頭徹尾的德國宣傳手段。事實上，凡爾賽條約的條款對戰敗的德國而言是一個最愉快的驚喜；說它與希特勒興起之間有關，實在太過牽強。凡爾賽條約的三個主要條件早在希特勒上台之前就已經取消，如果碰巧不是人道主義者和慈善家的威爾遜總統[1]領導美國政府，如果代表美國出席談判凡爾賽合約的是別人，那麼德國肯定無法繼續保留萊茵河地區，而且和平條約的內容也會依據克列孟梭[2]的提議而定——但這或許是更好的解決辦法。

德國假裝他們是因為威爾遜的十四點才在一九一八年要求停戰。但實際上，經過四年戰爭，德國人已經被打敗，不得不要求停戰。終戰不是因為國內人民發起革命所導致，而是德國將軍在德國水兵襲擊基爾（Kiel）的前一個月炮製了一場革命。魯登道夫將軍[3]得到興登堡元帥的支持，如同賭徒般地宣稱：「我的遊戲完了，我無法繼續下去；我必須在二十四小時內停戰。」

大家可能有興趣知道，德國的膽子崩潰得太突然、太徹底，以至於德國人在部隊仍深入敵軍領土之際就已棄戰。德國當時與其盟友所擁有的領土其實與今日差不多，但德國最高指揮部在二十四小時之內便完全瓦解，甚至在

01〉Woodrow Wilson（1856-1924），美國第二十八任總統。
02〉Georges Benjamin Clemenceau（1841-1929），曾二度擔任法國總理，人稱「法蘭西之虎」。
03〉Erich Ludendorff（1865-1937）德國將軍，一九一六年至一九一八年十月辭職前，為德軍的軍需將軍。

詢問停戰條件為何之前，連嘗試將部分軍隊撤回德國的企圖都沒有。德國的將軍們沒有回到德國本土的勇氣。

凡爾賽條約確實應為一些種族錯誤負責。沒有確定德國的賠償金額也是一個錯誤。在美國人的建議下，條約裡規定了公民投票這個全新的東西。然而，德國是唯一一個從第一次世界大戰中獲利的國家。他們支付了四點四億美元的賠償金，同時居然還獲得六點四億美元的貸款，到目前為止卻連一分錢都未償還。

「波蘭走廊」問題並未引起德國人注意。我出生的地方接近波蘭邊境，所以深知德國人對這塊帝國邊陲有多麼不重視；它幾乎是未知之地。但是，德國的報復主義者在世界各地宣稱凡爾賽條約藉由設計出波蘭走廊，將德國劃分成兩個部分。然而這條走廊就像英屬哥倫比亞省（British Columbia）一樣無害，而英屬哥倫比亞省還比波蘭走廊大上百倍，將華盛頓州和阿拉斯加分開。但波蘭走廊對容克來說是個阻礙，容克們在這裡握有大量田產，因此在這個問題上大做文章。

凡爾賽條約真正、且根本的錯誤是對德國心理的完全誤判。協約國認為德國無須先前的教育、更無須傳統，便能在一夜之間成為自由和民主的國家。儘管協約國拿走了幾塊領土，但他們留給德國人完全、且無限制的自由。後來協約國藉由每五年修改一次的辦法放寬了條約規定。即使是偉大的理想主義者白里安[4]也無法理解德國人的心態。當白里安同意將萊茵蘭地區比條約規定的時間提早五年歸還給德國時，一名所謂的德國自由主義者卻對我說：「你看法國人，他們不過是個懦夫。」德國人根本無法理解為什麼有人

04〉Aristide Briand（1862-1932），法國政治家，一九二六年諾貝爾和平獎得主之一。

會訂立「君子協定」。

協約國在一九一九年誤判德國人的個性並不奇怪。許多聲稱熟知德國者也犯了同樣的錯誤。我們這些藉著寫書來影響民意的人也犯了一個錯誤。我們認為另外一個德國、那個思想家和自由主義者的德國，將會上台執政。德國共和國的惡兆應該是德國人並沒有爭取、而是被動地接受了共和。恐懼在第一時間占了絕對優勢，隨後一些沒有經驗的自由主義者和社會主義者被容克的怯懦強迫推上台面，接管國家之舵。他們沒有領導力、毫不積極，主要就是因為沒有人大聲下命令。德國人只能自憐。當希特勒宣稱德國人不適合民主時，他說的相當正確。他們怎麼可能適合呢？三百多年來，他們一直被耳提面命地教導一定要聽從軍事頭頭的話。

威瑪共和國建立在自由和人道的法則上，但德國人覺得其極度無聊乏味；他們從來沒有擔當過責任，因此害怕共和。新擁有的自由讓他們倍感困擾。他們不明白人人平等的意涵。他們不喜歡、甚至抵制威瑪憲法。德國頭一件政治謀殺案就發生在一戰後的威瑪共和國時期，也就是納粹黨上台前十年。偉大的拉特瑙和另一名共和國部長艾茲伯格（圖42）以及其他三人在共和國初期的一九二〇年和一九二二年間分別遭到謀殺（圖43）。這些謀殺象徵著廣大群眾對共和國的厭惡，而且社會大眾普遍同情兇手。受過良好教育之人、教授、乃至整個大學，都加入了讚美仇恨和復仇之列。常久以來的自由主義者變成最反動的民族主義者。然而，這種現象幾乎在各個國家都會出現：只要戰爭失利，反對派就會變成民族主義者。

由於新的共和國在德國如此不受歡迎、虛弱，而且無力治理，以至於共和國成立十年後，每逢開會或遊行，便不得不將國旗用帆布遮蓋，以免受到人群侮辱。「共和國」一詞在德國受到極度厭惡，所以德國人改以「帝國」一詞取代，因此，德國目前仍然是「帝國」。

一次大戰除了開戰的前幾週敵人曾打到帝國遙遠的角落之外，敵軍並沒有進到德國境內，德國人因此有了德國從未被打敗的認知。他們說：「我們沒有輸掉戰爭！」、「我們是從內部被出賣了。社會主義者和猶太人在我們背上捅了一刀。」

有關「不敗軍團」題材的書籍動輒銷售數萬本，成為德國國內的暢銷書；自由派作家的書不得不到國外尋找出路。膽小的共和國領導人沒有增加共和國的威信，其中一些人更是徹頭徹尾的叛徒。兩名需對德軍崩潰負責的將軍出現在國會的聽證會上，他們不但從國會領導人的手中收下鮮花，還聽到領導人說出表達民心的話：「我們愛你」。這一幕真是滑稽。

勞工領袖沒有反抗、也沒將容克和伯爵們送進監獄，反而與比自己更激進的兄弟爭鬥。他們過去曾經與工人國際[5]並肩合作，如今卻轉而反對。根據與登堡的副官格勒納（Wilhelm Groener）將軍所言，在「革命」的第二天，勞工領袖亞伯特（圖44）與興登堡元帥聯合鎮壓了所有的革命行動。一九一八年十一月的真空期僅僅歷時十小時：獲勝的勞工黨接著立即向戰敗將軍的臂章投降了。

有太多舊軍官、特別是那些屬於貴族階級的軍官，在共和國時期仍留在原本的崗位上。因此，新上任的自由主義領導人當然只有名義上的控制權。

05〉又稱「第二國際」，全名是「社會主義國際」，一八八九年在巴黎召開，以工人運動為主。組織在一九一六年因一次世界大戰爆發而解散。

在德國唯一仍能激起愛國熱情的是國家防衛軍（Reichswehr，簡稱國防軍），新的德國軍隊。國防軍當然一如過往，仍由舊時的容克領軍。凡爾賽條約允許德國擁有的十萬軍隊後來規模變成一百萬，他們並不正式隸屬國防軍，也不稱為軍隊，但他們就在那裡。有別於法國王室後代在一個世紀內不得回到祖國的禁令，德國皇太子逃到荷蘭後沒多久就獲允回到德國，這是因為共和國如此虛弱，沒有任何自由主義者膽敢拒絕一名王子。

接著，德國舉辦了第一次選舉。哪麼，無疑都是聰明人的德國人做了什麼？德國人千年來首次可以選出自己的領導人，但他們選了誰？當時有六、七名地位崇高、經驗豐富，又深具領導氣質的人可選，德國人竟然選擇年近八十的陸軍元帥興登堡，他唯一的競選資格是在德國投降前拒絕和平談判——就像他的一個祖先曾在一八〇六年投降，將某座普魯士要塞交給敵人，因而被判處死刑。（這是所有興登堡家族最值得誇耀的事蹟。）不過，傑出的美國人說，「興登堡是德國的驕傲。我們相信他是領導德國政府的最佳人選。」然而，他們昨天還拿同樣這句話來形容貝當[6]。

當老元帥擔任一個民主共和國的總統時，他宣稱自己是一個君主制主義者，他可真是大出風頭，獲得德國人的支持。他們高喊：「他是我們的父親，他是我們的新國王。」他是個了不起的男人，滿臉大鬍子，褲子上還有一條很寬的紅色條紋。

這個由德國人選為德國首任總統的老人立即宣布威廉二世有權獲得數百萬元的補償。他也捏造出可怕的謊言，說這場戰爭不是敗在他手上，而是因為他被人在背後捅了一刀。自由主義者、甚至一些社會主義者非常想要復

06〉Philippe Pétain（1856-1951），法國陸軍將領和政治家，也是維琪政府的元首。

仇，因此，為了建立軍事力量，儘管社會主義者在一戰前的五十年間都反對海軍擴張，身為社會主義者的總理還是簽署了建造新戰艦的法案。他們非常高興能與真正的伯爵一起工作。

威瑪共和國不是敗在凡爾賽宮，而是敗在柏林；不是因為獨裁者的暴力事件而輸，反而是輸在德國民族的靈魂沒有學到民主的真正含義。這樣的情況構成了一個投機分子可在當中運作遊走的理想場域。

．．．

德國的宣傳工具成功地讓美國人相信凡爾賽條約毀了德國的經濟力量。美國著名的經濟學家近幾年來證明了事實並非如此。德國從一九二三年至一九二八年的製造業、尤其是鋼鐵生產，增幅超過所有其他國家。德國幾乎所有工廠都如常運作，處處可見產品生產及使用奢侈品，而且德國的書籍銷售榮景依舊。

通貨膨脹是一些德國工業家發明出來的欺詐伎倆，以便得到來自柏林國庫數以百萬計的貸款，這些人隨後將之兌換成外幣，幾個月後，再以貶值的銀行票據形式轉回德國。德國工業最大的黑幫老大雨果・施廷內斯（Hugo Stinnes）就用這種方法創造出德國有史以來最大筆的財富。即使是在他生命的最後時刻，他仍用「捐贈」數百萬元給妻子的手法，逃避國家的繼承稅。

德國經濟直到一九二九年仍蓬勃發展，部分原因是美國和其他國家提供的貸款，另外則是德國拒絕支付戰爭賠款。德國單單從瑞士就得到二十億美元的貸款，但他們根本沒有還錢。在這些國外貸款的幫助下，德國首先破壞條約，資助希特勒，接著又從當前戰爭的軍備中獲得數以百萬計的財富。現在他們竟然打算綏靖同盟國！

有些在美國的人說，失業率造成了希特勒的崛起。難道美國沒有同樣的失業問題？從一九二五年到一九二八年，德國人就像美國人一樣享有繁榮。美國和德國同樣從一九二九年到一九三三年都有失業問題。美國有一千萬人失業；德國則是五百萬人。如果失業率是希特勒上台的原因，那麼美國為什麼沒有像德國一樣變成法西斯國家？

因為「軍服」在美國是例外，但數世紀以來，軍服在德國卻是偉大的理想。當最後來了個希特勒，恢復銅管軍樂、制服、勳章、踢正步，讓他們有一個成天大聲下令的老闆，這對德國人來說是多麼幸福的日子！這就是他們想要的東西。這個人甚至將馬靴還給他們，即便他們根本無馬可騎。當有人問一名銀行職員，為什麼他和其他職員都在辦公室裡穿著馬靴，他回答說：「我的元首今天人在紐倫堡。」這是德國人的心態，要改變並不容易。

希特勒給了德國人一個主宰世界的新願景，他竄改了一個從中古世紀以來就在德國地區流行的神祕口號，這口號很容易在德國人的心中得到迴響。德國人明白抱有如此理念的統治者。他們希望自己的大砲是由百分之九十五的鋼、銅、鎳，以及百分之五的哲學思想製成。他們傾聽主宰世界的音樂——華格納的作品。一九三三年五月一日，希特勒在滕珀爾霍夫[7]對著十萬人呼喊，要求眾人「服從」。他三次大呼「服從」，全世界都聽到歡迎他的如雷掌聲。從這一刻起，德國人用歡呼聲迎接他，德國開始熱愛他們的元首。社

07〉Tempelhof，柏林市的一個區。

會主義者未能贏得共和國，他們的領導者為人雖誠實，但卻無足輕重。德國社會黨[8]當中找不到任何有能力的政治家。

當凱撒和王子們逃離德國時，有兩名帝國軍官為了保護帝國旗幟戰死，他們的名字是孔尼葛（Köning）和秦瑪爾（Zimmer）。然而，當馮．巴本（圖45）在一九三二年解散普魯士政府時，卻不見任何一個德國工人為共和國效命而死。德國人再次證明他們熱愛服從權威更甚過自由。德國人願意為祖國戰死，但不喜歡為祖國思考。他要服從別人很容易，但他幾乎不可能堅持個人權利、或是主動採取行動。如果有一個人的聲音類似某個美國總統，他想要公開演講好言呼籲公眾，這在德國是不可能發生的。德國人不喜歡說服力，他們喜歡大聲喊叫的人。聽到這種人的聲音，他們會說；「這必定是一個強者」。我小時候曾見過極為聰明的人、甚至自由派的科學家在聽到凱撒說話時的激動。凱撒的說話聲就像士官長大喊，令人不快。

希特勒是德意志民族在道德上及法理上的真正代表，他是以最民主的方式選出來的。美國總統入主白宮的方式並不比希特勒在一九三三年進駐柏林帝國總理府更合法。德國在一九三二年的最後兩次自由選舉中，仍然採用無記名投票，德國人民以自由意志投票選出了最強大的納粹黨。希特勒被選為這個最強黨的領袖；就像英國的喬治國王提名丘吉爾領導英國內閣，德國的興登堡總統也任命希特勒為總理。希特勒是人民的選擇。過去沒有候選人曾經這麼公開地宣告過政見，所有德國人都非常熟悉希特勒的方法和目標——《我的奮鬥》描述了這位「元首」對主宰世界、第一次世界大戰、迫害猶太人、以及兩類公民差別的看法。除了少數幾百萬人外，德意志國家很高興他們找到了新的上司。

08〉Deutschsozialistische Partei，成立於一八八九年。

這裡如同其他地方一樣，提名就是決定性的一步，也絕對合法。希特勒是在上任後才開始著手破壞憲法和侵犯現有成文和不成文的法律。

希特勒是唯一由政府用最民主的方式得到權力的現代暴君，所有其他現代獨裁者都是用武力攫取權力：拿破崙一世於一七九九年、拿破崙三世於一八五一年、列寧於一九一七年、墨索里尼於一九二二年，這些獨裁者都是以武力或威脅擊敗他們的對手。法國、俄羅斯和義大利的人民是被蹂躪的受害者，因此無須承擔責任，唯獨德國人親手選出了他們的獨裁者，因此，德國人需要負責。他們不僅選出了一個獨裁者，還讓他執政長達十年。

歌德的德國在一九三三年那段日子在哪裡呢？我們的書籍在五月時被公開焚毀。圍在營火周圍的不只親衛隊成員（Schurzstaffel，簡稱 SS），還有成千上萬的大學生興高采烈地大喊著，並把書本扔進熊熊火堆。這些大學生不久前還曾急切地讀著這些書，如今卻在焚書（圖46）。

當然，即使在德國，還是有些例外，比如尼莫勒爾牧師（圖47）。但即使是像他這樣的人，在他被捕前也曾對一名美國人說：「如果有一場對法國的戰爭，我會馬上參加。」

納粹的野蠻行為並沒有得到所有德國人贊同，有數百萬人反對這種肆意破壞的行動。但他們保持沈默，默不出聲。是誰真正起來反對希特勒？是幾個牧師和工人。猶太人不僅被納粹攻擊，絕大多數的德國人甚至還對此鼓掌叫好。我將會公布數以百計的目擊報告，描述德國公民，不論男女，沒有受人催促或遵循官方命令，但憑他們自己的自由意志，幫助親衛隊追捕、鞭打和殺害猶太人。有一小群德國人依然被動，但也有些人會幫助受害者。檔案資料證實了從一九三三年至一九三八年，所有德國和奧地利地區都曾發生過大屠殺。

德國人可以輕易證明他們無需為威廉二世負責。確實如此，他們「繼承了」這個人。後來共和國失敗的時候，他們可以說：「我們沒有受過教育，不知道如何治理國家。」但是，對於希特勒，德國人沒有藉口說自己無需為自己所選出的人負責。

⋯

擁有同情弱者傳統的美國古老清教精神，現在試著要原諒德國。美國人總認為發生在德國的暴行是由納粹犯下的，不應該歸罪給德國百姓。

德國大約有一百萬名納粹士兵，但德國軍隊有一千五百萬人。大家都看過這些德國官兵的照片或影片，關於他們暴行的報告則有成千上萬。誰是那些駕機俯衝轟炸法國、用機關槍掃射逃難的波蘭婦女的飛行員？是誰用魚雷炸沈醫療船？是誰明知那三百名小孩是目標，卻還轟炸英格蘭小鎮巴斯（Bath）？是誰摧毀了捷克的利迪策村[9]呢？是誰將成千上萬的猶太人送進毒氣室和掃射無數的猶太人呢？

《柏林畫報》[10]刊出一張照片，照片中有八名波蘭猶太人拉著一輛馬車。我們可以看到幾個大笑的德國士兵站在車內，他們樂在其中地訕笑這支奇怪的拉車隊伍。這些無名士兵都是德國人，他們不是納粹，所有暴行都是普通

09〉Lidice，一九四二年親衛隊下令屠村殘殺婦孺，戰後估計約一千三百人受害。
10〉Berliner Illustrierte Zeitung，一八九二年至一九四五年在柏林地區出版的畫報週刊。

的德國士兵幹下的。這普通士兵就代表了德國人民的典型，就像一名普通美國士兵代表了美國的典型。

然而，要注意的是，激起這些德國人熱情的並不是病態。一個人可能是「虐待狂」，就像希特勒或劊子手海德里希（圖48），但沒有一個國家是虐待狂。這些人是被病態的理想主義所感動：崇拜暴力的信仰。他們受到德國作家的影響得到這種信仰，甚至早在黑格爾之前的數百年就已開始。納粹檢察總長表達他對這種信條的看法：「有益德國的事就是對的」。我們都知道其他國家在戰爭中也有殘酷行為，但他們並沒有創造出一個崇拜暴行的信仰。「對或錯，我祖國」是一個以防衛為主的口號，而不是侵略世界的藉口。英語從來沒有宣稱：「我們是世界的主宰，對我們有利的事情就是對的」。

法國的克列孟梭說「德國人愛上死亡」。他們確實熱愛悲劇，這就是德國人和美國人的主要區別。

德國人知道他們在做什麼。既然德國人以一國的身分負責，就該以一國的身分受懲。

今天的美國、而不是英國，有可能陷入德國所設的陷阱。威爾遜在一九一八年試圖區隔德國人民和他們的凱撒時，就曾掉進過這種陷阱。威爾遜說，凱撒和其領導階級命令德國人打仗，所以應由他們負責，而不是人民。如今，舊事重演，這個在一個世代間兩度破壞世界和平的國家，又可能免除引發戰爭的責任，只因為大家對他們有過度的同情。

任何同情當今德國的人都應該成為甘地被動主義的追隨者。但是，拿起武器、犧牲年輕人生命以對抗德國這個戰士民族的人，萬萬不該在利用勝者的姿態嚴厲地防堵德國第三次侵略之前鬆動、心態變軟。如果你逮捕了一個無賴，你並不是野蠻人，但如果你擁抱這個無賴，當他是兄弟，那麼你絕對愚蠢至極。

只要雙方堅持，「公平競爭」的規則便是可靠的。當德國領導人打破一九一九年的條約、當德國人踐踏了每個戰爭規則和人性法則，德意志民族對欺騙的信仰就顯現出來了。這整個德國鼓吹、實踐百年的暴力信仰必須受到懲罰。這必須由決心堅強的人完成，他們為此奮戰對抗德國，他們會要求對手該為其行為和信念負責。

你們當中若有人想要實踐基督徒的慈善寬容，難道不是應該先關心被征服的二億歐洲人民，而不是加害他們的劊子手嗎？

希特勒將被他自己的人暗殺——可能是容克，不過他們會說是猶太人下的手。當征服者不再贏得偉大勝利時，大眾就會拋棄他。拿破崙曾說：「一個合法的國王可以一再敗戰。但我是一個征服者，我連一次都不能失敗。」當他果真失敗一次時，他也就失去了一切。

世人不太可能看到身穿囚服的希特勒坐在被告席上受審：不是因為他會自殺或被敵人殺死，而是他絕望的追隨者會將他處死。

在英、法等國家，臣民曾經審判、處決他們的國王。但德國法院從來沒有、而且也永遠不會去譴責一個戰敗的統治者。

如果希特勒活著留在德國，並且在德國法院接受審判，德國人會謀殺那名膽敢控告希特勒的法官。他們會用鮮花歡迎被告，就像他們在一九一九年十二月興登堡前往國會聽證會作證當天那樣；或者，他們會像對待逃跑的凱撒一樣，將凱撒數以百萬計的現金還給他，並且在凱撒生日時，前往他在荷蘭的豪宅獻上大量鮮花。德國人會提供希特勒養老金，和一棟座落在柏林綠森林區[11]的別墅。一年後，他們會到他家朝聖，並將他的照片掛在牆上膜拜。德國人會先竊竊私語，漸漸地，會有宣傳大字出現：「我們偉大的領袖——在最後勝利的那一刻，被俄羅斯人豢養的共產黨人出賣，被美國富豪出資的工廠裡的法國囚犯出賣！」

幾個世紀以來，即使權威有錯，德國人還是會捍衛自己的權威；即使被擊敗，他們還是崇拜神聖的國家。德國人不喜歡指責統治者，因為領導者若是錯的，他們的理念就會隨之動搖。出於這個原因，革命在德國從來沒有成功過，基於同樣的原因，一九一九年戰敗的德國在思想上也沒有出現變化，一九四四年亦然。德國人天生的不確定性，也就是我們在第一章所說的德國根本性格，造成了他們無法承認自己的選擇有錯。

德國心理崩潰可能會與希特勒的死亡或逃亡同時發生。畢竟，他們在過去十一年間戰事不斷，而不是像上次大戰只有四年。現在會有戰爭疲乏的問題，而且，上次戰爭還有保衛王朝的動機，普魯士王朝當時已存在四百年，德國人因此能持續作戰到一九一八年。

11〉Berliner Grunewald，位於柏林的東區，以森林綠地、公園和大型別墅著稱。

能迫使德國崩潰的最主要因素是空襲轟炸，對我而言，這是一種從上垂直發動的第二條戰線。想找出德國和英國相似之處是大錯特錯，英國和德國的個性不同，英國人固執，他們在面對空襲轟炸時會挺直脖子、咬緊牙關，對自己說：「我不逃跑；即使十年，我也要在這裡堅持下去。」他高度發達的責任感更是增強了這種態度。

德國向來就不懂何謂公平競爭。布洛王子的德國回憶錄和凱斯勒伯爵[12]的著作就舉了不少驚人的例子證實這一點。紀律和服從是德國人的特點，但德國人缺乏慷慨和公正對待敵手的性格。因此，每個德國人都認為要是他輸了，對手不會公平對待他。十分瞭解德國人的俾斯麥說：「德國人沒有公民勇氣」。俾斯麥是一位優秀的軍人，但是當他沒有制服、沒有長官、沒有上校指揮時，佇立在空襲轟炸下的科隆（Köln）或埃森（Essen），俾斯麥的勇氣也會輕易地喪失殆盡。

另一個德國會提早崩潰的原因，是希特勒辭去最高軍事指揮的職位。交出他的「直覺命令」對德國人而言就等同於敗仗，比史達林格勒和突尼斯戰役更糟糕。十多年來，有七千萬人相信他們元首的魔力；如今僅僅五年後，只剩四千萬人相信。但是，直到希特勒軍事退位之前，他都依然代表德國人的最後希望。如今，他的軍隊在每個戰場都打了敗仗，失敗就在眼前。在領導應當帶頭的最重要時刻，他放棄了指揮權！

德國人民到一九四三年秋天仍然團結一致，唯一能解釋這個現象的理由，就是戈培爾一年多來不斷灌輸德國人的感覺：他們將會被賣為奴，或是絕育滅種。為了打破這種宣傳伎倆，應當將我建議的宣言鄭重地傳達給德國

12〉Harry Clément Ulrich Kessler（1868-1937），英德貴族、外交官和作家。

人民周知（宣言附在本書結尾）。宣言內應該包括盟軍的真實意圖，也就是：盟軍會占據和管理德國，但不訴諸懲罰整個德國。

希特勒死亡或倒台的那一天會發生什麼事？容克和將軍將會立即彎腰鞠躬，並說：「我們喜歡美國人。我們不恨猶太人。我們不要求殖民地。來吧，讓我們再次成為兄弟。」

希特勒退場後，容克會讓步做出任何事情，甚至可能將烈士尼莫勒爾牧師提交給盟軍，以顯示自己對納粹主義的厭惡。儘管事實上是他們發起了戰爭，但他們將盡一切努力，避免被追究責任，一如他們的父兄當年的所做所為。他們將如同一九一八年那樣，再度派出一些德國自由派人士簽署停戰協議。同盟國裡的一些團體會說：「現在讓我們來談和，讓我們完成這些事情。

這些將軍畢竟是好人。」

但他們不是好人。容克們並不比那些「希特勒們」好多少。的確，他們的禮儀較佳，但是他們就和納粹一樣有罪。如果沒有總參謀部，希特勒不可能走向戰爭。因為他恢復了容克們的軍閥職位，給了他們權力和金錢，並且幫助他們實現復仇的夢想；容克們因為希特勒廣受歡迎的「吸引力」，接受了這個他們鄙視的矮子、一個奧利地無產階級之子。

這一次，必須由納粹和容克簽署停戰協議。這些德國將軍、這些戰爭意志的旗手必須遭到摧毀。只要他們存在，每個德國男孩都會夢想著報復。必須接受無條件投降的不只是所有的德國軍隊，平民也必須接受。這不僅僅是軍人的精神，也是一個舉國上下都不反對一場耗時四年戰爭的國家的精神。

盟軍戰勝後，必須決定要如何處置這個國家。在美國，有人建議了兩個不同的計劃，但我不認為當中有哪個是可行之計。其中一個是將所有德國人遣送到上尼羅河地區，或對所有德國男性施行絕育手術、摧毀他們的工廠，並迫使他們在德國種植馬鈴薯。我很驚訝竟聽到一名自由派作家重複說著這種無稽之談。盟軍不會破壞德國的工廠，我們也不能滅絕七千萬人。我們無法將整個國家運送到海外，也不會讓一個國家滅絕。我們不能奴役一個民族，即使是為了正義、懲罰他們的罪行和發動戰爭也不可以。但是，第二個建議說：「把自由還給這些可憐、被誤導的德國人。這能誘使他們創立一個更好的共和國。這些人是無辜的。」當然，每個人都同意納粹領導者應當分別受到同盟國法庭處罰。應受懲處的領導者不只二十人，而是數千。如果我們相信只是服從指揮做事的人不必負責任的話，那麼全德國幾乎也只剩下一個罪魁禍首希特勒了。就連他也可以聲稱是全能的神下令要他履行命令。

在處理一個七千萬人口的國家時，我們應該記住，自從貝卡利亞[13]以來的兩百年，我們對刑法已經有了新的理念。我們懲罰，但不報復。我們為了社會安全才監禁罪犯，同時也重新教育罪犯，讓他能夠洗心革面，這一政策必須用於德意志民族。解除德國人的武裝，而且必須比過去更為徹底，我們藉此可以確保社會的安全。裁軍行動必須徹底，就連德國員警也不可在腰間配槍。

戰爭結束後馬上建立起新的國會或帝國國會是不可能的。在德國，沒有哪個自由派人士的權威具足到能夠領導這樣一個機構。儘管流亡的德國移民心繫祖國，但讓他們返國創立一個自由德國同樣不可行。這種作法在第一次並沒有成功，怎麼會有人認為德國人在這次戰爭之後，能在一夕之間成為民主人士呢？有沒有一種民主血清，讓人注射後能對軍國主義、對主宰世界的

13〉Cesare Beccaria（1738-1794），義大利法學家。其作品《論犯罪與刑罰》（*Dei delitti e delle pene*）深刻批評刑求、酷刑與死刑，成為現代刑法學的奠基之作

渴望、或對穿制服的長官的服從慾產生免疫力？可惜，這種血清尚未發明！

有些流亡的德國移民很真誠，但是也有人利用自己的知名度，作為成立新自由德國的保證。其中有些人在上次戰爭中寫了些非常軍國主義思想的書，或是在和解的偽裝下準備對法國「復仇」。有些人只想討回自己的老房子和舊工作，另外也有人希望能謀得一官半職。還有一些人曾在共和政府任職，但他們未能阻止法西斯主義興起。

現在他們說，這不過是一個在偶然機會下來到德國的投機分子，利用了整體失業率得逞計謀，並且推翻了和平的德國。威瑪共和國的前任勞工部長膽敢公開宣稱普通的德國小夥子比美國年輕人優秀，就在他說話的非常時刻，有成千上萬的美國年輕人正因為德國人心存報復而戰死沙場。此人做此宣稱時正作客美國，當時一份在紐約發行的德國社會主義週刊，其主編為了迎接德國戰俘來到這個國家，還寫了一篇熱切的歡迎社論。其他的勞工領袖在他們的正式會議裡假裝再次執政，他們不知道自己有多麼死氣沉沉。

有別於俄羅斯或義大利，德國沒有人對移民懷有同情心。沒有一個移民能在德國找到政黨或道德權威。

當今最盛行、同時也最為愚蠢的一項建議是：「告訴德國人我們信任他們。如果他們能擺脫目前的領導人，他們就能獲得獨立與自由。讓他們自己起來革命，然後歡迎我們這些救星，讓我們皆大歡喜，有個快樂的結局！」威爾遜提出過類似的建議，但結果如何？他建議德國人送走凱撒，得到自由。凱撒出逃，將軍脫卸責任，讓一群社會主義者和自由主義者擔負簽署投降協議的恥辱。但不到十年，而是十個月後，大敗的軍國主義派系就已強大到足以謀殺新共和國的領導人。每個德國人都在建立更強大的國家主義中找到了自己的榮譽，新執政的勞工階級只有一個野心，就是要證明自己就和其他人一樣地「愛國」。共和國不是在一九三三年、而是早在一九一九年就已遭到抵制，德國人此時對一場新的戰爭已開始有了心理準備。一場從外部下令或建議的革命，就如同一個女人被朋友說服而離婚；如果她決定離婚不是出於內在力量，那就說明了她還愛著她的強人丈夫。同樣地，德國人現在還愛著自己強大的領導者，即使這個領導者背叛了他們。

．．．

我可以看到德國未來的兩種可能。其一是德國成為共產主義國家，這是有可能的。希特勒青年可以輕易地將納粹標誌（Swastika）改成鐮刀和鎚子，對這些青年而言，這些符號背後的理念並不重要，他想要的就只是一套制服和有人發號施令而已。雖然希特勒的信條完全無法與共產主義的內容相提並論，他的國家社會主義還是替德國接受共產主義做好了準備。此外，德國重視命令更甚於金錢，重視秩序更甚於自由，這些全都讓共產主義有機會接管德國，比在其他資本主義國家要容易許多。

俄羅斯讓德國既強大、又施行共產主義的想法，似乎與西方國家讓德國既虛弱又不自由的觀念格格不入，但俄羅斯唯有發動戰爭，打敗他們的西方盟友，才有辦法實現這個想法。但這樣的戰爭是不可能的，因為雙方都已精疲力盡，而且德國亦然。戰勝國之間的協議在體質上有其必要，俄羅斯和西方軍隊共同占領德國是在延續雙方在戰時的合作。儘管莫斯科還沒有達成有關德國的協議，但未來不會出現對抗俄羅斯的戰爭。因此，在德國的占領軍將會是混合組成。

盟軍應設立託管委員會，當中含括所有聯合國代表，但不邀請與德國接壤的小國代表加入，以免他們可能有意先尋求報復；這可能會造成錯誤，而且也會讓德國正好有藉口證明他們對國家孰優孰劣的想法。

強而有力的聯合國占領軍應當接管德國所有重要的地方，如此一來，可讓德國人在一百三十年來首次有機會見到外國權威的樣子。只有透過外國臉孔、外國制服、外國語言、外國習俗，德國人才能瞭解他們為什麼會被擊敗；他們在一九一八年斷然拒否認戰敗，主要原因就是戰勝者沒有踏進柏林。沒有人會未先經審判就遭到監禁或處死，但德國人必須感受到他們所鄙視的波蘭人和捷克人的地位不僅與他們平起平坐，而且更是勝利者。

盟國政府必須懲罰所有的德國戰犯，不論戰犯的身分是軍人或平民。法學家將必須決定哪些罪行實屬各人所為，哪些則是集體犯行。

有人建議將戰犯交由德國法官審判，但這是不可接受的。德國人當初曾在一九一九年簽署一份協定，同意交出九百名戰犯，這些人可稱為是「第一次世界大戰的納粹黨員」。後來，德國教授嚴正抗議，反對這項協定，聲稱舊帝國政府理當受到保護，這些教授此舉的精神與他們支持入侵比利時的精神並無不同。

一九二〇年的協約國處在盎格魯-撒克遜的清教主義的壓力下，體質太弱，只好放棄凡爾賽條約裡不同的權利，例如，將戰犯的審判移交給在萊比錫的德國最高法院。如今，清教主義的壓力又再度回魂。這樣的協約國相信名法官的忠實公正性，結果發生了什麼事？最高法院拒絕起訴名單上的八百八十八人；他們開庭審判了十二個人，有六人被判刑，其中三人幾天後越獄逃走，無人被追捕到案。九百人名單上的最後三個戰犯只在監獄裡關了幾個星期。如果將納粹領導人交由他的德國同胞來審判，明天全世界還會目睹同樣的情況再次發生。

德國必須使用德國勞工、資金和建材，重建所有他在他國破壞的房屋建築。所有遭德國人偷盜並運至德國的他國物品都應歸還，德國從國內納粹受害者奪來的財產也要物歸原主。此舉可給德國人一個教訓：戰爭絕非一門好生意。

整個歐洲受到軸心國和同盟國炮火轟炸，損失已無可挽回，未來在德國瀕臨崩潰的過程中還會造成更多的破壞與損失。同樣的事情在一九一八年時也曾出現在興登堡撤退法國之際，德軍當時曾在根本沒有任何戰略需要下惡意破壞。一九三九年至一九四三年間，德國破壞了教堂、繪畫、雕塑及無價的圖書館。這種破壞人類至高成就的罪行必須受到嚴懲，德國至少要歸還所有還握在手上、在戰前或戰時自各國掠奪而來的藝術品。在德國破壞了許多國家的紀念碑之後，全世界怎麼可能允許德國繼續保留任何一件荷蘭、法國或其他國家的藝術瑰寶！

盟軍占領政府裡的部份工作可交由納粹集中營的受害者和一些忠實的海外德國移民共同擔任。但在任何情況下，都不可以出現另一個自由主義者和社會主義者共組的國會，這樣的國會在上次成為狂熱的民族主義者，我們不該再信賴那些在強盜洗劫房子時還安靜躺著睡覺的看門狗。

．．．

此處正顯示出德國和義大利心態之間的差異——義大利人可以回顧他們的民主傳統，兩千年來，共和國在義大利的土地上蓬勃發展，義大利人在十九世紀為了自由戰鬥了四十年。義大利由加里波第[14]、馬志尼[15]、加富爾[16]等人的革命精神中獲得自由，而德國的自由主義者卻還是猶豫不決的理想主義者，直到俾斯麥這個容克才統一各地，建立起德意志帝國。墨索里尼打斷了義大利民主的百年傳統，希特勒則終結了十四年的民主間奏曲。墨索里尼的義大利暴政沒有現代典範，他不得不從羅馬帝國尋找他的偶像；而希特勒不過是延續普魯士軍事獨裁統治的三百年歷史傳統。因此，義大利的各黨派、各階級仍記得他們過去的自由，明天過後可能又產生出一個民主領袖，但德國人沒有革命烈士的名字可供回憶，也沒有一個自由時代可供恢復。威瑪共和國從未激進地保護自己，如今留下來的僅是恥辱。這就是為什麼義大利能在戰敗後治理自己，但德國不能。

幾個世紀以來，義大利一直是德國那股一心想主宰世界的神祕衝動的受害者。義大利的財富較少，人口密度與德國相同，但義大利人並沒有慾望去征服法國、瑞士、塞爾維亞或是希臘。征服與主宰的慾望深藏在德國人好戰的靈魂深處，不論是在今日的德國人或過去的哥特人和汪達爾人[17]心中皆然。義大利發動戰爭是為了擴展他們的貿易和自由，但德國人是為了征服；義大利忍受他們的獨裁者，德國人卻熱愛自己的暴君。

14〉Giuseppe Garibaldi（1807-1882），義大利將軍和政治家。
15〉Giuseppe Mazzini（1805-1872），義大利政治家。
16〉Camillo Benso, Conte di Cavour（1810-1861），義大利政治家及第一任義大利王國首相。
17〉哥特人（Goths）與汪達爾人（Vandals）皆為早期日耳曼東部的部族。

法西斯主義在愛好和平的義大利人手中，十七年來從未威迫世界，但當這顆種子在愛好戰爭的德國人心中落地生根，法西斯主義卻成了一股威脅。

從法西斯主義中解放的義大利人不會起來反抗他們的解放者，但是復仇的情緒卻會在一九四五年的德國人心中狂攪，一如一九二〇年那樣。

有人建議應當將德意志帝國分割成二、三十塊，回復到俾斯麥統一德國之前的政治板塊。但這樣的解決方式有悖於這個時代潮流。十九世紀見證了部族合併為國家；儘管我們看到德國、義大利、希臘和其他國家的解放當中都有錯誤，但俾斯麥建立德意志國家確實還是合乎邏輯。

・
・
・

但還是有些可以處置德國的方法。德國的破壞性元素來自於普魯士，所有文化和建設性的元素則來自德國的南部和西部。因此，德國可以一分為二，而不是切分成三十塊。切斷整個東北部，加上普魯士境內的容克領土，可以創造一個大約二千五百萬居民的普魯士共和國。如此一來，普魯士總參謀部再也不可能動員，也無法利用一份公告就動員整個德國。這種劃分法也能打破容克的經濟力量。這些容克在留給他們的小農場上將有機會證明自己是農夫之子，或是在農場當起大領主，然後在柏林一邊揮霍金錢，一邊在菁英警衛團擔任軍官，並在夏季尋找新的抵押貸款。德國需要最徹底地清洗、並且授之以全新方向的兩個群體便是容克和教授。

普魯士的分離不該由勝利者的命令來完成，而是應由自由的德國公民投票決定。因此，隔離普魯士這個預期的結果應該由人民解決，這肯定將廢除當年俾斯麥的德國問題解決方案，產生一個沒有普魯士的德國。

排除普魯士以後，其餘地區可以組成一個約有五千萬人的聯邦共和國。鄰邊各省可以公投決定自己要加入哪個德國共和國：普魯士或聯邦。這些省分最可能投票支持聯邦共和國，普魯士在德國一向不受歡迎，萊茵蘭人就曾自稱是「被迫的普魯士人」(Muss-Preussen)。

這個計劃有兩個好處。首先，容克在政治上將從全國分離出去，他們的莊園在任何情況下都會被分割並配給農民；其次，普魯士總參謀部將無法頒布戰爭動員令徵召全德國一千五百萬男丁。

奧地利及其六百萬德語居民可自己決定是否要成為德國的一部分。現今對納粹德國的仇恨可能會是一個負面因素。然而，儘管希特勒的執行手段極其殘酷，這也可能是一件正面的事。我們可以接受敵人的目標，但用其他方法達成。奧地利一千多年來曾屬於帝國的一部分，但俾斯麥將奧地利排除在外，主要的原因是奧地利的哈布斯堡家族也統治了七個非德意志的民族。幾乎每一個奧地利黨派在一九一八年都有「合併」計畫，但因凡爾賽和會的勝利者反對而延遲。奧地利的決定將取決於他們在新聯盟裡能找到何種安全保證，政府唯一應避免的，是讓哈布斯堡家族重新登基。當所有國家的人民都在為祖國奮戰的同時，德國和奧地利的王子們除了兩個例外之外，全都待在他們的城堡裡，或忙著迎娶富家女。

一個新的聯盟是很有可能在明天成立起來的，因為俄國和美國如今都準備加入。德國不能成為聯盟成員。除了東普魯士之外，德國在一九三三年時所持有的土地不應該被剝奪。德國應該償還積欠歐洲的債務，但不是拿各省分土地來還，而是由個人償付。除了烈士和積極的反納粹人士以外，所有成年德國人都該投入復原工作，直到德國將所有破壞的事物全數修復完畢為止。

德國應該受允以國家的身分運作，但不准擁有武器；德國人的教育必須受到監督，他們也必須接受政治監護。如果不這樣做，如果還有人繼續說「可憐被誤導的德意志民族」，那麼，二十年以後，民主國家必得第三次和德國作戰。

IV
The German Educated

教育德國人

「所以，你必須限制自己。「必須」是很難的，
但這是男子漢能證明自己的唯一途徑。」

—

歌德

德國的科學教育了世上部分國家。偉大的歷史學家丹納[1]曾克服他身為法國人的驕傲，表示德國在一八二〇年時，已經成為世界的思想領袖約五十年了。康德徹底改變了世人的思維方式，貝多芬改變了音樂的使命，歌德被視為就像達文西或培根一樣地獨一無二。藝術和科學有許多是從德國傳播到其他國家，而後才在當地受到模仿和修改。儘管德國人一向不是偉大的殖民者，但他們的科學和藝術成就確實影響了全世界。

十九世紀採行了由德國科學家發展出來的新思想基礎。在二十世紀，德國人把他們的理論知識轉應用在物理和化學的發現上。新發現的定律和理論變成了鏡頭、相機、血清、X光片。世界各地的專家來到德國學習，而後帶著新學得的知識和對德國智識的敬重返國，尤其是在美國這個理論的實際應用非常重要的地方，美國特別敬佩德國在化工和造船兩個領域上的成就。當一戰戰敗幾年後德國的「不來梅」號[2]在紐約港停靠時，這艘船被視為是德國精湛工藝和企業的象徵。

然而，德國人對他人的嫉妒心蓋過了這種創造的態度，他們的創造力被亟欲統治世界的頑強野心所超越。他們不試圖用自己的顯微鏡和合成色素、音樂家和運動隊伍來贏得天下，反而寧可追隨古老的軍事榮耀美夢。當德國人再度開始建造戰機、坦克、大砲時，他們的未來之路便已注定。

01〉Hippolyte Adolphe Taine（1828-1893），法國評論家和歷史學家。
02〉該船是一九三〇年代航速最快的船，以橫渡大西洋為主。一九三九年大戰爆發時正好停在紐約港。

在這硝煙彈雨的四年間，德國人的成就之一便是讓世上其他國家學到了德國技術，複製了他們的坦克和轟炸機，這些國家如今在各方面都超越了德國。

這個高度先進的民族如今正在接受新的教育。這是一項非常困難、問題重重的任務。歷史曾顯示戰敗的文明國家可成功地教育戰勝者，被征服的希臘人和基督徒教育了戰勝的羅馬便是最突出的例子之一。戰勝者接觸到土著和原始人時也會變成教育者，或是例如在南美洲，一個高度、但過時的文明遇到戰勝者的新發明和科學。但德國的情況完全不同，德國是人類文明的主要國家之一，我們應以一個嚴格但善意的主人身分，將德國視為一個危險的少年天才，必須好好關注和管控。這是一個歷史上的新局面。要如何才能解決？

德國人正好讓全世界知道何謂不可為。的確，德國征服了法國這個西方世界最古老的文明，以及荷蘭、挪威等大國，但他們成功地征服了這些地方的人嗎？完全沒有。因為法國、荷蘭及挪威非常清楚地意識到自己的道德優越感。他們知道這次的征服、這場災難不會持續太久。他們鄙視戰勝者，認為這次戰敗遭到占領不過是一場很快就能醒來的惡夢，這讓他們有了在手無寸鐵下起身抵抗，並拒絕順從的力量。

當盟軍這次進入柏林時，會讓德國人完全無法否認德國戰敗的事實，此舉就會造成德國人在心理上根本的動搖。他們很快就會知道——可能已經知道——有些人會受到嚴厲的處罰。但在此之後，戰勝國既不搶奪、也不鎮壓，但是會守護、引導和教育他們。德國人個性服從溫順、不喜革命，而且不像法國那般地無政府，所以不會有多少人願意起來反抗占領他們土地的外人。

但占領和戰後關係的成功與否，取決於占領軍一開始的態度。盎格魯－撒克遜的傳統態度會讓盟軍很難管理德國，尤其是美國人。美國人習慣照顧、尊重敗者，試圖讓手下敗將忘記自己的失敗。德國士兵在一九一四年時拒絕與英國囚犯握手就是德國人會有不同想法的警示。

凡爾賽條約簽署後不久，自由派作家試圖藉由承認前德國政府的戰爭罪行，好讓國人理解、並達成和平協議。但我們立即被自己的同胞攻擊，有些人甚至在德國遭到殺害，而懷抱相同意圖前來德國的英國人和法國人也受到公然的不信任和暗中的蔑視。德國人說，「這些人一定是間諜」，因為他們不相信公平競爭，所以無法想像戰勝者除了指揮官之外還能扮演何種角色。

德國對於在非洲的英國人的唯一欽佩之處，是他們對黑人抱持保留態度。而法國晉升有色人種擔任官員，就引起德國人的厭惡和反對。德國人對於國家組織的看法就是像金字塔層級一樣，每塊石頭上面都還有另一塊石頭，重量則由下面的石頭承擔著。德國人永遠不明白，為什麼一個人會主動放棄金字塔較高的位置。

幾天前，一名在一九一九年曾是萊茵河占領軍的美國人告訴我：「我搭上科隆的街車時，我和戰友讓座給兩名老太太，車上乘客都開始嘲笑：那些傢伙是征服者嗎？」

德國人會接受、並視盟軍為希特勒的接班人。只要贏得戰爭——在條頓人的時代以劍和箭，在我們的時代則用坦克和飛機——即使是侵略者，也會贏得德國人欽佩。但勝者必須在任何情況下都避免一件事，那就是表現出誠摯及和解。

所有盟軍軍官不可被人看到在柏林街頭閒逛，揮舞著自己的騎鞭，如同德國軍官喜歡在巴黎所做的那樣。但是，盟軍軍官最好盡量多穿著馬靴出現在公共場合，這是希特勒贏得德國青年尊重的方法，馬靴一向被視為主人的象徵。

盟軍軍官肯定不會模仿納粹的做法，但他們在德國時應該放下自己對同僚和公平的觀念。如果不這麼做，他們很快就會挫敗；如果他們表現得不夠強硬，德國根深柢固的欺詐很快就會讓人感受到其威力。對抗、衝突，甚至謀殺將會阻礙未來工作的成效。

外國教育者對付德國人的方式只有一種：當德國人的主人。盎格魯–撒克遜人成功地對待下屬和僕人，有禮但不失權威。在美國，沒有「老闆」會對著職員大吼，但在德國，每個老闆都這樣。在美國，工廠、銀行、加油站、甚至國務院，大家都以正常、禮貌的聲音下令；但在德國，到處都可聽到操練場上的軍事語調。法官、教師、官員在辦公室都會拉高他們的聲音，平民百姓喜歡這樣，而且覺得應該就是要這樣。

當一九一九年法國軍官前往柏林時，可惜他們沒有帶上自己的軍隊；當時約有十幾名軍官試圖以紳士般的態度與德國人見面，他們立刻受到蔑視。美國銀行家派克・吉爾伯特[3]是少數德高望重、受德國人敬重的外國人，因為他一直保持高高在上的姿態。

03〉Seymour Parker Gilbert（1892-1938），美國律師、銀行家和政治家。

最重要的，是要獲得德國人的敬重，而非同情。盟軍不能因為服務了德國人或廢除他們的債務，就指望他們會有感激之情。

當白里安對德國表示善意，同意德國總理施特雷澤曼（圖49）的請求，讓法國軍隊提前撤出萊茵河地區後，興登堡便隨即上演一齣凱旋進入「解放」省分的戲碼，並同時發表一篇對法國充滿隱約威脅的演講。興登堡並未像白里安言謝。任何對德國讓步的東西都會被他接管，好像它已被扣留太久。

所有明瞭德國性格的人都會向進入柏林的戰勝國軍隊提出忠告：不要一直微笑！勝利者是主人，不是朋友。主人不露笑臉，他只下命令。笑的人會失去德國人的尊敬。他必須下令以獲得尊敬，因為有權威才能治理這個熱愛命令和服從的國家。

一個帶著笑臉的人在德國是沒有擁護者的。不僅王公大臣如此，甚至當音樂家在表演結束後向觀眾鞠躬、或劇作家出現在舞台帷幕之前，都必須要一臉憂鬱，如此方可獲得觀眾的同情。

美國人可能更難理解這種態度，因為在美國這片土地上，就連拍照都必須面帶微笑，也不能對人承認「我覺得很糟糕」，或說覺得自己的事情差強人意。正如我們所看到的，熱愛悲劇的德國人會服從他們的新主人，尤其是在他們看到他在街上板著臉默默開車，或態度嚴峻，不帶表情地坐在自己的辦公桌後。必須廣為宣傳要和盟軍軍官或文職行政人員會面難如登天，盟國不應該採用美國人的開放態度，或允許任何人隨時都能和領導見上一面。如果一個德國人終於獲允進入辦公室，尤其是從來沒有拜訪過辦公室的人，盟軍代表千萬不要握手，也不要遞上香菸。德國上司從來不會有這樣的禮節。

外國軍官不應該表現親切，而是要始終矜持、冷淡且意志堅決。

如果盟軍軍官使用「戰勝者語言」，會得到尊重。在商店或餐廳、或當希望得到一些個人資料，可嘗試說德語，但在工作時千萬不要使用德語。千萬不要和平常打交道的人太友好，如果你以平等的關係對待一名德國人，他走出辦公室時會對在外等候的朋友說：「一個好傢伙；我們跟他打交道可以占上風。」盟軍應採用的方式，是要讓三個月後沒有德國人會說「他是個不錯的傢伙」。盟軍應該高不可攀。

一位紳士訪問了在美國的德軍戰俘營，他證實了一個事實，親切對待德國戰俘的美國軍官，得到的尊敬會比那些表現出權威感的軍官來得少。

還有一件可能會困擾美國人的重要事情，那就是官員必須在所有場合都身著制服。必須反覆灌輸告訴德國人，其他國家也有軍裝和武器，這一點在德國哲學裡意味著文明。公務員不可讓人看到身穿便服，如果他的工作屬於平民性質，只要曾經待過部隊，他就應該穿著制服。

美國人不喜歡這些；用頂頭上司的態度對待失敗者有違他們的性情。然而，這是唯一能讓德國人知道他們已經被打敗、已經輸了這場戰爭的方法。德國人上回曾完全否認自己戰敗。

德國人必須看到外國軍官和士兵出現在其國內的生活和工作場合。他們的制服——德國人認為的偉大象徵——應在所有公司、戲院、旅館都可看見。盟軍應該讓人民知道他們是嚴格但誠實的人，不傷害任何人、不侵犯婦女、不掠奪商店、也不否定任何人的正義，但仍是冷淡地高高在上，表現出就是主宰者的模樣。這可教導德國男童在這世界上還有其他的「優秀民族」，也讓成年人明白這個道理。

戰勝者花錢可以慷慨，甚至應該奢侈消費。一個人看起來越富有，德國人就越會認為此人是個老闆。金錢僅次於制服，是德國人瞭解和接受的權力象徵。個別的盟軍軍官、士兵和文職官員所有的費用要自付，但司令官不應該自己支付任何他們有權要求的東西。如果在柏林的盟軍司令部要動用二十節火車車廂，司令部就應該直接下令，不必擔心該由誰付款或會打亂鐵路的時刻表。

德國的政府體系在過去十年間變成最腐敗的系統之一，納粹官員可被收買，價碼根據職位從一馬克到一萬馬克以上。占領當局應當堅持要求德國履行義務，即使最微小的細節也不放過，不多不少，但就是不可放過，獲取任何形式的情報都不應給予提供者獎勵。

將成為希特勒接班人的外國將軍，其地位將有機會避免如上的方法。德國人不得不服從，他們樂意服從，但是，如果這些軍官保持個人的生活高標準，如果他們經常出入最昂貴的商店，入住最昂貴的旅館，此舉將大大增加他們身為治理者的權威。

了解德國人心態的人不會太在意這些事情，因為正如我在前面章節的解釋，德國人永遠在意別人對他們的看法。如果平等對待他們，沒有人能將外來的民主理想傳授給德國人。

德國人生活在眾多紀念碑中，他們紀念著早已被人遺忘的戰役和不重要的國王。從此端到彼端，德國境內大部分的古蹟甚至沒有藝術價值。街道名稱讓人記得霍亨索倫王室和其他王侯的名字：國王廣場、凱撒大街、坦能堡廣場[4]、色當（圖50）等等，這些街名都必須淘汰。德國百分之六十的正式街名都來自國王、戰役、將軍和征服者，只有百分之六的街道是以知識界的人命名。這些知識分子是公認的偉大德國人，然而他們的名字大多數卻不為人所知。一月十八日是普魯士王國建基之日，這個國定假日實在應該改為第一共和國誕生的十一月十一日才對。歌德的生日八月二十八日更應該取代希特勒的生日，成為國定節日。

戰後的德國人至少在五年內不可離開國境。德國在凡爾賽條約之後曾派出無數間諜和特工前往國外臥底，這些活動的資金正來自戰勝者借給他們的貸款。經由這些特工，所謂的凡爾賽「奴役條約」的錯誤想法灌輸進了數百萬沒有偏見的英國和美國平民耳中。當可憐戰敗的德國從敵人的銀行得到巨額貸款之際，我們卻看到德國人在高速公路上開著新車，飛奔前往法國，所經之處可以看到遭破壞的地段、拆毀的德國大砲，而他們卻在巴黎最好的餐廳內慶祝。就在同一時間，法國人民卻正試圖節約，以重建遭到戰爭蹂躪的省分。

我們必須牢記，希特勒和他的軍國主義者所做的宣傳，讓德國人對自身的效率更加深信不疑，德國與生俱來的傲慢因而增強，此時要說服德國人認為祖國受到委屈，以及受到「殘酷的」凡爾賽條約的羞辱，再容易不過。

同樣的事情不該重蹈覆轍，必須迫使德國看到是他們破壞了和平，他們

04〉一九一四年八月，德軍在坦能堡（Tannenberg）大勝。

必須學會有誠意。他們必須留在國內，因為他們在哪裡都不受歡迎。出境簽證應該是發給必須參加國際會議的公務人員、在國外會議發表重要報告的科學家，或是可證明國外不同的氣候能對他們個人健康有益的殘疾人士與病患。德國商人或銀行券商將無法再次蜂擁到世界各地，為自己的商品尋找新市場進行宣傳。

第一次世界大戰後，美國貸款給德國工業家，導致德國再次成為美國的競爭對手。這一回，德國的工業家在第一個十年必須按盟軍的計劃努力工作，以重建德國侵略造成的破壞。

去年五月，一份關於三家美國公司和德國的法本公司（I.G. Farben）[5]之間陰謀的官方報告公諸於世，總檢察長在華盛頓首府表示：「國際卡特爾（cartels）

未死，而是正計劃繼續他們目前和戰後的活動。」如果美國或英國的民意或國會支持這項國際計畫，並讓德國人參與，那麼第二世界大戰亦將是徒勞無益。此舉不僅是對有罪的德國工業家的援助，甚至算是獎賞。

泰森家族、沙赫特（圖51）家族、馮．施尼茨勒（圖52）……率先資助希特勒的正是這些人，而且他們是在希特勒還未上台前就已開始資助；這些人是德國強化軍備的背後支柱，而且公然支持復仇與征服的戰爭。這些人在一九四三年德國初露敗象時就早已先棄船逃亡。馮．施尼茨勒是德國規模最大的公司、也就是法本公司的總裁，他也是陸軍元帥馮．博克[6]的連襟。馮．博克將軍在俄羅斯贏得勝戰，是當今納粹德國權力最大的人。

經過十二年不停的戰爭，馮．施尼茨勒「突然發現」他厭惡他的納粹朋

05〉全稱為「染料工業利益集團」，是一家建立於一九二五年的德國化工企業，全盛時期曾是德國最大的公司。一九三一年納粹黨上台之前，法本公司曾向納粹黨和希特勒提供了大筆贈款，助其競選，並從中獲得了巨大好處。由於曾涉及眾多戰爭罪行，該公司在戰後被盟國勒令解散。

06〉Fedor von Bock（1880–1945），二戰期間的德國陸軍元帥。

友，於是搭乘私人飛機前往西班牙；現在他是「德國難民」，就像當德國與義大利和俄羅斯打了敗仗後，有其他二千多名的德國工業家，「突然發現」自己熱愛阿爾卑斯山的花朵、瑞典的峽灣和西班牙塞維爾（Seville）的大理石柱。這些人比納粹更可恨，因為他們向來毫無信念，如今正在中立國家忙著重建他們和盎格魯-撒克遜朋友的友誼，這些朋友曾在一九四三年救過他們，在一九四四年恢復商業關係。

這些德國工業氏族摧毀了凡爾賽條約，而且協助德國重新武裝軍備，如今我們應該對付他們。所有德國工業領導人的權力都必須打破，不許他們任何一人重新在世界市場上競爭。第一世界大戰後，利用通貨膨脹的手段背叛了全世界的就是這些人或其父祖；他們一邊哭訴著自己「被奴役」的國家，一邊卻還享受著有生以來最大的繁榮。德國的機器或引擎在十年或更長的時間內不得讓過去那些計畫奴役歐洲的德國人使用。這些命令必須由盟軍委員會下達，他們必須規定要生產的種類、數量和目的。德國人不會被如同奴隸般對待，也就是不會像他們對待五百萬歐洲工人的那樣。德國人的勞動會得到酬勞，而且也不會被驅逐出境，但他們的主導權必須打破。

．．．

由於音樂是德國最偉大的成就，德國的新主人應經常參加音樂會。音樂會曲目應該盡量包含德國音樂；至少就目前而言，不要強迫德國人接受外國音樂，而且劇院也應該完全讓德國人持有。德國文學是一個巨大的寶庫，因此，戰勝者可以表明他們清楚歌德和貝多芬的偉大之處，而且毫不猶豫地尊敬德國過去出現的偉大思想家，讓德國人看到盟軍無意破壞德國國民的生活。

當然，新聞、劇院和電影院初期都必須接受盟軍審查，只要不抵觸教育的主要目的，盟軍應該在所有事務上主張自由，但是對於所有宣傳種族仇恨、征服世界和國家主義的圖片、書籍、雜誌、電影和劇作，則要採取鐵腕手段清除，由其是納粹在德國用做宣傳的那些東西。

德國共和國在一九一八年所犯的大錯，就是他們無法鼓起勇氣徹底銷毀眼前所有關於霍亨索倫王室、君主制與戰敗將軍們的回憶事物。

文明國家的報復不能訴諸野蠻方式，但是考慮到德國人對奇特想像的沉迷，我們可以採用智識上的報復。所有納粹文學都應投進大火裡焚毀，同時，所有新的德國官員和盟軍保護者都應列席觀看。納粹文學應該與十九世紀那些毒害德國心智的所有書籍一同焚毀，其中包括宣傳種族優越論、榮耀戰爭和統治世界的書籍，也包括張伯倫（圖53）、勃恩哈地和馮．隋特斯克（圖54）等作家的作品。在一月三十日希特勒上台紀念日，應該有個焚燒他照片和《我的奮鬥》的儀式，伴隨著公開朗讀希特勒曾答應德國人、但卻未兌現的承諾（比如統治世界及其榮耀）。另一方面，所有在一九三三年被燒毀的那些書籍，則應當重新放回公共圖書館。

每名因政治或宗教原因被納粹投入牢中或集中營內的德國人、每名可以證明自己挺身反對納粹罪行的人，都應該受到獎勵。由於德國人非常喜歡動位和動章，保護者應該鼓勵創造新的頭銜和動位，給在監牢和集中營裡的英雄。「Freiheitsrat—自由參事」也許是合適的頭銜，而且也應為集中營倖存者設計一個動章。

德意志共和國並未創造出一個帶有徽章和勳章的等級制度，德國人對此極度懷念，希特勒建立了這樣的等級制度，吸引到最早的追隨者。德國人對制服和勳章的喜愛程度，可從最近受俘的一名德國將軍看出——即使在戰爭的槍林彈雨中，他還是要戴上所有的勳章。

由於三個舊帝國的國旗代表的政治綱領會再度激發出嫉妒心，德國應該要有一面新國旗，也許純白色的國旗很適合代表一個非侵略性的德國。

舊的德國國歌，例如《德國高於一切》[7]、《萬歲，勝利者的桂冠》、《守衛萊茵》[8]等歌謠，以及希特勒的歌曲《霍斯特．威塞爾》[9]必須淘汰。新的德國國歌可以採用貝多芬的第九號交響曲《歡樂頌》，這首合唱曲的旋律簡單，可加入新歌詞，又無須改變貝多芬作品的任何音符。

如果盟軍保護者打算承認德國抱有真正的民主信念，那麼外國人應謹慎選擇執政人選：烈士不一定是好的政治領袖，遭希特勒迫害的人不一定能成為和平的歐洲人。每名進入盟軍保護者政府的人，其記錄都應受到仔細的審查，特別是關於他在德國共和國期間的政治活動。有相當多的德國自由主義者或社會主義者願意在新德國工作，其中有些目前人在美國。這群人在凡爾賽條約之後煽動德國人，他們到現在還稱之為「奴隸條約」。這群人太正派了，正派到無法成為納粹分子，但他們現在仍和過去一樣，是徹底的民族主義者。

市議會是比較容易找到德國自由主義者的所在，這裡可能是自由主義最早在德國生根的地方，也是最後一個棄守之處。我們雖然可在社會主義工會中見到善意，但當中卻沒有人才。威瑪共和國的領導人在民眾間向來沒有權

07〉*Deutschland über Alles* 出自《德國之歌》（*Deutschlandlied*），自一九二二年來即是德國國歌。

08〉《萬歲，勝利者的桂冠》（*Heil dir im Siegerkranz*）為霍亨索倫國歌；《守護萊茵》（*Die Wacht am Rhein*）是源自一八四〇年代愛國歌曲，流行於普法戰爭和第一次世界大戰期間。

09〉此曲原名為《旗幟高揚》（*Die Fahne hoch*），作曲者是納粹黨員霍斯特·威塞爾（Horst Wessel）。在他一九三〇年遭殺害後，此曲在一九三三年成為納粹德國的國歌。

威可言，現在當然也不會有。他們擅離自己的職守崗位，甚至沒有試圖反抗納粹去保衛共和國。只有奧地利的社會主義者曾起身反抗，但卻以失敗告終。群眾不會忘記這樣的事實。

⋯⋯

至於教育兒童則須採用完全不同的方式。對於兒童，我們要同情、有耐心，我們可以微笑地對待兒童。基本原則是要將他們導引回到自己歷史上的偉大思想上，而不是喚起他們對外國民主國家榮耀的熱情。這種新教育可以採用德國書籍、並由德國教師上課，這項大工程所需的素材德國都有，但都隱藏在納粹毒手還沒伸入的圖書館內，以及在一些安靜無聲的思想家頭腦裡。

德國青年不會輕易接受由翻譯書引進的外國思想。用他們祖先創造、尊重、收集、留給他們的藝術會更容易吸引他們。這些素材能吸引他們，並抵制納粹的宣傳。這種教育不乏書籍可用，因為德國有豐富的知識價值，單單一個歌德就足以徹底再教育他的國人。

不能採康德的著作教育兒童，但可以讓他們從故事、圖片及宗教教育裡得到自由主義的思想。《登山寶訓》[10]可能是最令人印象深刻的，也能讓年輕人疏遠納粹教義。年輕人被種族教條灌輸了這麼多年後，現在應該教導他們寬容的歷史。在年輕世代的心中，必須首先徹底摧毀的，是一種認為自己的宗教、種族和國家比其他人優秀的信念。必須向孩子說明，國家不是生活的中心，不是身著制服的萬能偶像，不是接受活人犧牲的摩洛神[11]，而是如美國人所說，是一個幫助和護衛個人安全的組織。

10〉Sermon on the Mount，指《聖經·馬太福音》第五章到第七章，耶穌在山上所的話。
11〉Moloch，摩洛神以火祭兒童聞名，上古時期盛行於地中海東南岸地區。

應灌輸他們寬容和責任感這兩股相互依賴的思想，這會讓他們承認、並欣賞其他國家的思想，並延續和捍衛這些思想。

雖然投票權必須暫停一段時間，不過仍應告訴兒童投票權是一項公民擁有的最重要權利。德國兒童公民不應再受教導首要責任是為祖國而死，他們應該學到活下去比較好，並且就此深思。

讓兒童到鄉間放鬆，他們能學到德國人喜愛的農家生活、森林、釣魚、划船。各國大型城鎮對年輕人的吸引力，在德國可以輕易地轉移到鄉間，因為德國年輕人有浪漫傾向；基於同樣的原因，音樂也更能吸引年輕人。

作為種族意識形態的解毒劑，應讓德國青年閱讀歌德、席勒、赫爾德、萊辛的經典作品。歌德的《在陶里斯的伊菲革涅亞》[12]、席勒的《唐．卡洛》和《威廉．泰爾》[13]、萊辛的《智者納坦》[14]是幾個應在德國舞台上演並在德國學校閱讀的劇作。年輕人尤其應該熟讀《智者納坦》，因為它的內容包含關於寬容的教義。年輕人也應該閱讀赫爾德，他是德國最偉大的民歌學者以及著名的外國流行詩歌譯者。

在此無法一一詳列關於德國兒童教育的課程。在任何情況下，學習越多的德國藝術和詩歌，就越能讓兒童對自己國家的過去感到驕傲。

華格納的歌劇《尼布龍根的指環》應該在德國禁演至少五十年。這個有誘惑力的作品成功地在全球各地散播德國統治世界的思想。反正約到了西元二〇〇〇年，不會再有音樂愛好者能容忍這個如同怪獸般的作品。《尼布龍

12〉*Iphigenie auf Tauris*，原為古希臘經典悲劇，講述一段特洛伊戰爭之前的故事。但在歌德的改寫中，不再突顯神的主宰能力，而是轉向對人的歌頌。

13〉《唐．卡洛》（*Don Carlos*）以十六世紀西班牙宮廷為背景，表達透過開明君主施行社會改良的理想。《威廉．泰爾》（*Wilhelm Tell*）則以瑞士獨立戰爭為背景，在歌頌民族英雄威廉．泰爾的同時，也歌頌爭取民族解放的壯舉。

14〉《智者納坦》（*Nathan der Weise*）的故事背景在第三次十字軍東征時的耶路撒冷，講述聰明的猶太商人納坦、有學識的薩拉丁以及聖殿騎士，彼此如何打破猶太教、回教和基督教之間的隔閡。友誼，寬容和良好溝通是全劇主旨。

根的指環》全劇演出需要四夜，每夜至少三個小時，如今許多偉大的音樂家雖然繼續演出這個曲目，但對之卻是厭惡不已。

德國曾經和其他國家、例如法國一樣，誠實地教授外國歷史，但這個傳統到了希特勒上台以後已被打破。現在必須回歸傳統。然而，德國人自家的歷史課程一直是扭曲的，歷史教材中有四分之三包括戰爭、征服及對征戰的讚揚。更高的文化層面只有零星的課程。王子們被課程當成偶像般崇拜，課綱無視德國在重要的和平時期的成就，反而宣揚軍事榮耀。

德國兒童應該從現在起學習自己國家的新歷史，一種包括德國的征戰及其知識分子成就的雙重歷史。過去那些不重要的小王朝及其無止境的嫉妒和王室間的差異可全數從課程中剔除，轉而多教導有關知識分子及其偉大發展的知識。與其將時間花在背誦戰役的日期和國王的名字，德國青年應該學習德國偉大詩人、藝術家和發明者的生平。德國應當比較與他國君主對人民犯下的罪行，並比較其他國家的革命背景，突顯德國為何未能贏得自由。德國教室牆壁上的國王和將領照片應以那些詩人、作曲家、作家和科學家的肖像取代，但這不表示所有的君王都應該被褻瀆，熱愛進步與和平的國王應當被列舉出來，以替代那些發動戰爭的君主。如此一來，德國青少年會慢慢地回到豐富的藝術和科學領域，開始憎恨那些掠奪財富的投機分子。

對自己的文化有了紮實的知識之後，年輕人可開始學習外國文學和藝術，藉由比較其他國家與自己國家的偉大作品，教師能讓學生對其他國家有熟悉感。以生物學的觀點看待其他民族和國家，這種態度可能會在成長中的青年心中醞釀成熟，使他們能以平靜和開放的眼光看待外國和其理念，而不再以征服者的眼光放眼世界。

必須給予運動新的尊嚴，而且不得用仇恨腐化運動。從搖籃時期開始，兒童就應該學會公平競爭。應禁止生產軍事玩具，例如士兵、槍枝和坦克模型。這種方式能讓青少年的想像力不會專注在戰爭上，兒童要學會尊重他們的新國旗。

除了外語教師以外，德國學校的教師必須是德國人。這將由盟軍的督察來控制每一所學校和大學，讓新的復仇理論沒有任何生根發芽的機會。有破壞知識嫌疑的教師必須立即開除，並受到懲罰。課綱不應排除政治，而是要將之當成是給十四歲以上少年的特別課程；盟軍應該表現出機智權術和主動的地方正在於此。

好學生可獲許在若干年後訪問其他國家，甚至獲得獎學金；這些從海外歸國的德國少年會受到欽羨，德國人的性格會受對能激發他想像的東西的嚮往所影響，出國旅行因此可以成為給予德國學生的獎勵。

德國大學必須重組，尤其是大學教授。要消除表現在喝啤酒和舉劍決鬥上的條頓式榮譽理想，必得費上一段時間。德國大概有百分之八十的教授會遭到解職，對於長期教授納粹思想的人不能寬容對待，有些人甚至在希特勒上台前就已開始散播這些思想。要特別注意的是這些人的過往紀錄，而不是他們的要求或承諾。

我相信，管控和重組德國的學校和大學是盟軍戰勝後要面對的首要任務。威瑪共和國的經驗說明了，沒有戰勝者監督的教育體系只會讓一國故態復萌，回到相信民族優越的老信仰，從而發展出新的報復和戰爭理論。

有些人提議盟軍部隊在短暫占領之後就撤出德國，駐紮在邊境外。然而，這個誘人的計劃有兩大危險之處。首先，你無法從外部影響德國的教育；再者，這無法布署那些正在修復殘破歐洲的德國勞工。面對一匹狂暴不羈的野馬，馴服牠要比將牠圈在圍欄內容易得多。

要如何處理在納粹教育下長大的年輕人？這些從十八到二十五歲之間的士兵約有兩百萬人，必須給他們機會，以便找出他們是否能與新政府合作。他們多數人都會迷失，並像數以百萬已經喪命的納粹分子一樣戰死。如果這些人無法重塑，那麼盟軍必須跳過這二百萬人，好讓世界進步。德國共有七千萬人，其中約八百萬是兒童；他們越年輕，就越有希望將他們爭取過來。

教育家的理想不在於改變受教者個性，而是開發其個性。歌德在晚年認為，教育的最終目的，是將自然本質訓練成生產的能力。德國擁有一些好的自然本質，我們的任務就是抑止他們的邪惡本能，並發展他們的健全特性。

這是一項細密的任務，值得偉大思想家關注。

附錄：宣言

一九四三年八月十九日在藍網[1]發表的演說：

……戈培爾告訴七千萬德國人，他們都會遭殺害、滅種，或賣為奴隸。這就是為什麼我認為當今最迫切的事，是讓德國人知道盟軍會如何處置他們。告訴他們事實，不要給他們憐憫的妥協。不要對他們說他們是被誤導的可憐人；不要告訴他們盟軍是他們的朋友和解放者。對義大利人來說，這可能合邏輯，但對德國人不然。我們不應該對德國人說他們現在可以繼續建立自己的自由政府。德國人民只聽得懂勝利者或領主的聲音。他們會嘲笑任何人道主義的想法，並說：「這是一個新的威爾遜」。他們熱愛服從，甚至勝利者也一樣。我建議的宣言稍做改變，印成傳單，並用德國軍人風格的聲音廣播：

德國的人們！現在是你們明白你不是世界上最重要民族的時候了。許諾給你們的千年帝國就在今天已成廢墟，千年帝國不過十年光陰而已。你們的軍隊非但沒有統禦世界，反而在各個戰線都節節敗退。你們的城市晝夜不停地遭到轟炸，你們的義大利鄰居痛恨你們、痛恨戰爭。

我們要求你們投降，結束一場無用的戰爭。我們的軍隊會占領你們的國家並維持秩序。我們將努力阻止遭受你們侮辱的鄰居不要復仇。我們會為你們帶來和平、麵包和正義。

這個意思是：

一．士兵和平民都停止戰爭行動。
二．在我們協助你們征服的國家之後，我們將幫助你獲得食物。
三．公正秩序，這和你們軍隊在歐洲各地違反一切法律所犯下的罪行截然不同。

01〉Blue Network，美國 NBC 公司旗下的廣播節目製作與發行網。一九二七至一九四五年間，藍網的節目幾乎遍及全美。

德國人，你們都是這些罪行的幫兇。在一九三二年最後兩場自由和祕密選舉中，你明知納粹黨的計劃和他們所有的罪行，你還投票支持他們，使他們成為德國最強的政黨。你的自由意志讓一個毫不隱瞞手段和目標的政黨獲得政權。最大黨的領導人以最民主的形式被提名為帝國總理。此後，他才開始了一連串反憲法的罪行。

十年來，除了少數勇敢的牧師和工人，沒有人起來反對他。沒有政黨、沒有科學家起來反對元首以德國之名所犯下的罪行。這是我們宣布你有罪的原因。

但我們不是德國人，處罰七千萬人並非我們的意圖。我們會仔細檢查記錄，確定有多少領導者有罪。公開審判後，我們會懲罰他們。我們會根據現代刑法處罰數百萬人。刑法絕非報復，而是防止有罪者重複犯罪，並教育他們重蹈覆轍的錯誤，以保護社會。

我們不是德國人，我們不會謀殺或濫用審判監禁任何人。我們不是德國人，我們不會侵犯婦女、我們不會掠奪你的家園。任何無罪之人都可以安身立業。

但是，我們將拿走你所有的武器，你的員警必須遵從我們的規則。你已經向世界表明你無法治理自己，所以，我們的接管政府會用堅定和正義來治理。服從法律和秩序的人可以無所懼，我們也會請一些你最忠實的公民提供我們關於政府和管理的建議。你們學校和大學的整個教育體系會在我們的管控下，德國教師仍可使用德語教課，課程內容都會根據被你們忽略太久的德國偉大詩人和思想家的原則和著作。

德國的人們，投降！拒絕服從你們現在的主人。起來，給我們一個信號。

這是最後通牒。如果你們因為慾望和衝動繼續犯罪，那麼我們不得已將只有從空中轟炸：我們將摧毀你們的城市，不留寸土。

德國人，決定你的命運！

這樣的宣布不會讓德國人恐懼他們在投降後將成為奴隸，但卻能讓他們熟悉勝利者的聲音。

作者｜埃米爾・路德維希（Emil Ludwig）
譯者｜周京元

總編輯｜富察
主編｜林家任
企劃｜蔡慧華

排版｜宸遠彩藝
設計｜井十二設計研究室

社長｜郭重興
發行人｜曾大福

出版發行
八旗文化／遠足文化事業股份有限公司
地址｜新北市新店區民權路 108-2 號 9 樓
電話｜02-2218 1417
傳真｜02-8667-1065
客服｜0800-221-029
信箱｜gusa0601@gmail.com

法律｜顧問華洋法律事務所／蘇文生律師
印刷｜通南彩色印刷股份有限公司

出版日期｜2015 年 9 月（初版一刷）
2022 年 1 月（初版七刷）
定價｜260 元整

鐵血與音符：德國人的民族性格

How to Treat the Germans

鐵血與音符：德國人的民族性格
埃米爾．路德維希 (Emil Ludwig) 著
周京元譯 .-- 初版 .-- 新北市
八旗文化，遠足文化，2015.09
面； 公分

譯自：How to treat the Germans
ISBN 978-986-5842-62-8(平裝)

1. 民族性 2. 德國

535.743
104015427